Libro: Administración de Proyectos para Emprendedores
Autor: MNIT, Jorge Romero Espinosa, PMP®

Acerca del Libro:

Este libro está dedicado a todas las personas que están buscando emprender un negocio en el corto y mediano plazo, y quieren conocer una metodología que los ayude a ejecutar su proyecto de manera adecuada, y poderlos ayudar a tener una mayor probabilidad de éxito.

Acerca del Autor:

Egresado de Licenciatura en Ingeniería Industrial del Instituto Tecnológico de Estudios Superiores de Occidente (ITESO) con Maestría en Negocios de Innovación Tecnológica en la Universidad Panamericana (UP) y Maestría en Mercadotecnia Global del Instituto Tecnológico de Estudios Superiores de Occidente (ITESO).

Con más de 12 años de experiencia en Administración de Proyectos en Empresas de Clase Mundial en diversas funciones como Ingeniería, Recursos Humanos, Tecnologías de Información y Cadena de Suministro, liderando proyectos multidisciplinarios con alcance local, nacional y global.

Cuenta con la certificación como Profesional en Administración Proyectos (PMP®) por parte del Instituto de Administración de Proyectos (PMI®) desde el 2011, y es Profesor Adjunto del Instituto Tecnológico de Estudios Superiores de Occidente (ITESO) para el área de Procesos Tecnológicos e Industriales (PTI) desde el 2012.

Publicado por Jorge Romero, Segunda Edición (18 de Julio, 2016)
ASIN: B0147F29RK
ISBN-13: 978-1516998647
ISBN-10: 1516998642

Dedicatoria

A mis maestros y alumnos que han hecho posible el seguirme desarrollando y motivarme a escribir este libro para hacer más dinámica mi clase.

A mi esposa Fernanda por ser una luchadora incansable ante las adversidades y un ejemplo de educación y respeto de la cual aprendo todos los días.

A mi hija Ana Paula por ser el nuevo empuje de mi vida, para asegurarme poderte dejar un mejor mundo del que encontré cuando llegue a él.

A mis hermanos Salvador y César por ser un ejemplo de inteligencia y determinación que han sido un reto constante durante mi crecimiento como persona.

A mis padres Lupita y Salvador por su dedicación a mi educación continua y formación de valores como persona que me han ayudado a ser un profesionista ético y congruente.

A mis amigos Roberto, Juan, Arturo y Javier por ser una fuente constante de conocimiento y reflexión intelectual a través de discusiones enriquecedoras.

A mi Beagle Lyra por ser mi acompañante fiel durante estos últimos 5 años y mostrarme el cariño incondicional cada día que llego al hogar.

Índice

Capítulo 6: Análisis de Riesgos

Capítulo 7: Planeación de Compras o Adquisiciones

Capítulo 8: Manos a la obra

Capítulo 9: Mercadotecnia de Contenidos

Capítulo 10: Vendiendo mi Proyecto

Capítulo 11: Cerrando mi Proyecto

Capítulo 12: Conclusiones para Emprender

Prólogo

Este libro está dedicado a todas las personas que están buscando emprender un negocio en el corto y mediano plazo, y quieren conocer una metodología que los ayude a ejecutar su proyecto de manera adecuada, y poderlos ayudar a tener una mayor probabilidad de éxito.

Durante el transcurso del libro comparto diversos aprendizajes que he tenido a lo largo de mi carrera profesional y académica, compartiendo mejores prácticas de diversos profesores, autores e instituciones que han trabajado a lo largo de los años en investigar cual es la mejor manera de realizar las cosas.

Inicie a escribir este libro mientras estudio mi Maestría en Mercadotecnia Global, ya mi interés de estudiar en esta rama administrativa fue cuando estaba a punto de emprender mi segundo negocio, ya que el primero habíamos tenido fallos mi esposa y yo que nos obligaron a cerrar, no en el ramo técnico de la ejecución del proyecto, sino en una selección adecuada de la estrategia y la propuesta de valor de nuestro negocio.

En mis años de experiencia como líder de proyectos en empresas transnacionales, regularmente no tenemos la opción de emprender nuevas ideas desde un inicio, ya que existen pocos puesto en México en el área de Investigación y Desarrollo, por lo que no conocía de primera mano un método adecuado para este proceso.

La Administración del Programa/Proyecto(s) se logra a través de la aplicación e integración de los procesos iniciación, planeación, ejecución, monitoreo y control, y cierre. Y basándome en estos grupos de proceso ligaré los pasos que uno debe de llevar adecuadamente desde la decisión de que negocio se busca emprender, la propuesta de valor y cuál será su estrategia de diferenciación con su competencia, hasta la ejecución del proyecto, con herramientas para darle seguimiento y tener un cierre puntual a su proyecto.

En libro presentaré las ideas claves y preguntas claves del texto que te lleven paso a paso en ir resolviendo las preguntas que a la postré te ayudarán a emprender con éxito tu negocio, el resultado financiero del mismo se deberá al nivel de análisis que tu hagas, evaluando supuestos de una manera realista utilizando datos económicos del entorno de la industria y la competencia.

Capítulo 1: ¿Qué es Administración de Proyectos?

La Administración de Proyectos es una disciplina formal que busca enumerar las mejores prácticas de todo tipo de organizaciones en el mundo, actualmente el Instituto de Administración de Proyectos o PMI® por sus siglas en inglés es la institución con mayor autoridad para hablar por el tema, actualmente cuenta con más de 462 mil miembros alrededor del mundo, y 32 mil en América Latina y el Caribe.[1]

El libro donde se encuentran los fundamentos de la Administración de Proyectos está inscrita en el Cuerpo del Conocimiento de Administración de Proyectos o PMBOK® por sus siglas en inglés, actualmente está en la 5ta edición ya que constantemente se va ajustando a la realidad de las empresas en México y en el mundo con retroalimentación de voluntarios que son miembros del PMI® y practicantes del área de administración de proyectos.

Como definición "La dirección de proyectos es la aplicación del conocimiento, habilidades, herramientas y técnicas a las actividades del proyecto para cumplir con los requisitos del mismo."[2] Ya esto a su vez integrar el proyecto en una metodología o serie de pasos que son los cinco Grupos de Procesos:

- Inicio,
- Planificación,
- Ejecución,
- Monitoreo y Control, y
- Cierre.

Asimismo durante el libro definiremos las diez áreas del conocimiento del PMI® que son la base para el enfoque de la generación de competencias, o las habilidades y técnicas para lograrlo.

---

[1] Project Management Institute, "e-Link de PMI - Agosto 2015: Nuevos webinars On-Demand en español!," 5 de august de 2015.

[2] *Guía de Fundamentos para la Dirección de Proyectos (Guía del PMBOK®)*, Project Management Institute (PMI), 2013, 5.

"Un proyecto es un esfuerzo temporal que se lleva a cabo para crear un producto, servicio o resultado único. La naturaleza temporal de los proyectos implica que un proyecto tiene un principio y un final definidos. El final se alcanza cuando se logran los objetivos del proyecto, cuando se termina el proyecto porque sus objetivos no se cumplirán o no pueden ser cumplidos, o cuando ya no existe la necesidad que dio origen al proyecto."[3]

De aquí lo más importante es la definición de la temporalidad, a lo que se refiere es un espacio de tiempo, por lo que tiene que tener un principio y un final claramente definido en base a los objetivos del proyecto. Si no podemos definir este lapso de tiempo, quizás no me refiera a un proyecto, sino a una operación.

La segunda definición de Proyecto que utilizo en mi clase y me gusta más para los principiantes en esta rama es un conjunto interrelacionado de actividades que su desempeño combinado dentro de un periodo de tiempo limitado logra ciertos objetivos deseados, ya que al enumerar con nuestro equipo de trabajo todas las actividades con las cuales nuestro proyecto puede ser ejecutado, sin querer ya tenemos la base para planear un proyecto exitoso.

Durante mi clase de Administración de Proyectos con Universitarios de Licenciatura realizo un taller de actividades por semestre, para que mis alumnos sean capaces de entender la importancia de enumerar correctamente sus actividades, y una vez terminado agrupar estas actividades en entregables del proyecto o formar su Estructura de Desglose de Trabajo o EDT/WBS.

ESTRUCTURA DE DESGLOSE DE TRABAJO - EDT

"El EDT/WBS es el proceso de subdividir los entregables del proyecto y el trabajo del proyecto en componentes más pequeños y más fáciles de manejar. El beneficio clave de este proceso es que proporciona una visión estructurada de lo que se debe de entregar."[5]

---

[3] *Ibid.*, 3.

En el ejemplo a continuación una pareja está organizando un desayuno para unos amigos y busca que sea todo un éxito. A través de una lluvia de ideas utilizando el conocimiento de experiencias previas y tomando el gusto de sus invitados lograron descomponer las actividades en el siguiente EDT que es la base para después crear su diagrama de red donde se analizan que actividades son dependientes de otras para obtener nuestro Diagrama de Gantt y saber si nuestro proyecto es realista en el lapso de tiempo que lo definimos.

Figura 1: EDT de la planificación de un desayuno.

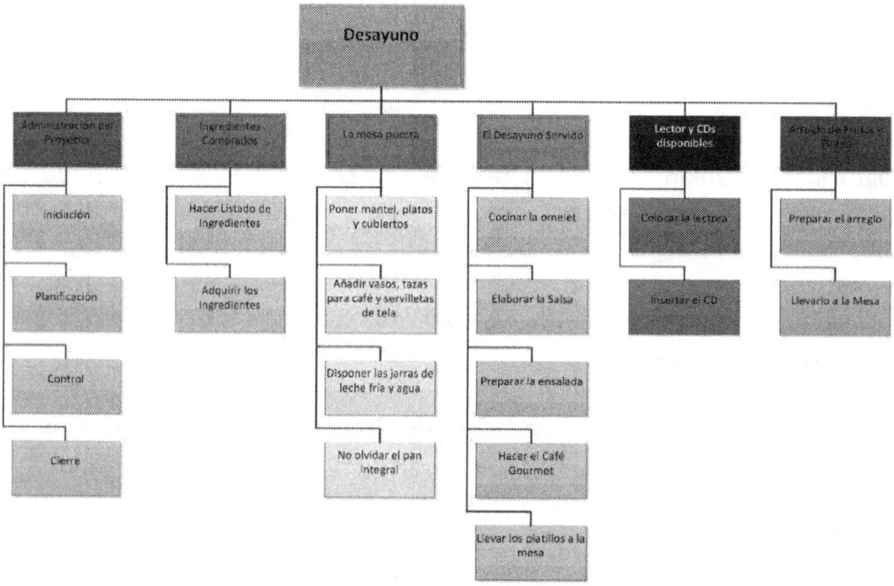

En la parte superior del EDT tenemos los entregables de cada descomposición de trabajo. "Un entregable es cualquier producto, resultado o capacidad de prestar un servicio, único y verificable, que debe producirse para terminar un proceso, una fase o un proyecto. Los entregables son componentes completados para alcanzar los objetivos del proyecto y pueden incluir elemento del plan para la dirección del proyecto."[4]

DIEZ ÁREAS DE CONOCIMIENTO DEL PMI®

---

[4] *Ibid.*, 84.

A continuación las diez áreas del conocimiento con una breve explicación que define el PMI® son:

1. Gestión de la **Integración** del Proyecto
    a. Incluye los procesos y actividades necesarios para identificar, definir, combinar, unificar y coordinar los diversos procesos y actividades de dirección del proyecto dentro de los Grupos de Procesos de la Dirección de Proyectos.[5]
2. Gestión del **Alcance** del Proyecto
    a. Incluye los procesos necesarios para garantizar que le proyecto incluya todo el trabajo requerido y únicamente el trabajo para completar el proyecto con éxito. Gestionar el alcance del proyecto se enfoca primordialmente en definir y controlar qué se incluye y qué no se incluye en el proyecto.[6]
3. Gestión del **Tiempo** del Proyecto
    a. Incluye los procesos requeridos para gestionar la terminación en plazo de proyecto.[7]
4. Gestión del **Costo** del Proyecto
    a. Incluye los procesos relacionados con planificar, estimar, presupuestar, financiar, obtener financiamiento, gestionar y controlar los costos de modo que se complete el proyecto dentro del presupuesto aprobado.[8]
5. Gestión de la **Calidad** del Proyecto
    a. Incluye los procesos y actividades de la organización ejecutora que establecen las políticas de calidad, los objetivos y las responsabilidades de calidad para que el proyecto satisfaga las necesidades para las que fue acometido.[9]
6. Gestión de los **Recursos Humanos** del Proyecto

---

[5] *Ibid.*, 63.

[6] *Ibid.*, 105.

[7] *Ibid.*, 141.

[8] *Ibid.*, 193.

[9] *Ibid.*, 227.

a. Incluye los procesos que organizan, gestionan y conducen al equipo del proyecto. El equipo del proyecto está compuesto por las personas a las que se han asignado roles y responsabilidades para completar el proyecto.[10]

7. Gestión de las **Comunicaciones** del Proyecto

a. Incluye los procesos requeridos para asegurar que la planificación, recopilación, creación, distribución, almacenamiento, recuperación, gestión, control, monitoreo y disposición final de la información del proyecto sean oportunos y adecuados.[11]

8. Gestión de los **Riesgos** del Proyecto

a. Incluye los procesos para llevar a cabo la planificación de la gestión de riesgos, así como la identificación, análisis, planificación de respuesta y control de los riesgos de un proyecto.[12]

9. Gestión de las **Adquisiciones/Compras** del Proyecto

a. Incluye los procesos necesarios para comprar o adquirir productos, servicios o resultados que es preciso obtener fuera del equipo del proyecto. La organización puede ser la compradora o vendedora de los productos, servicios o resultados del proyecto.[13]

---

[10] *Ibid.*, 225.

[11] *Ibid.*, 287.

[12] *Ibid.*, 309.

[13] *Ibid.*, 355.

10. Gestión de los Interesados o **Stakeholders** del Proyecto

    a. Incluye los procesos necesarios para identificar a las personas, grupos u organizaciones que pueden afectar o ser afectados por el proyecto, para analizar las expectativas de los interesados y su impacto en el proyecto, y para desarrollar estrategias de gestión adecuadas a fin de lograr la participación eficaz de los interesados en las decisiones y en la ejecución del proyecto.[14]

CINCO GRUPO DE PROCESOS DEL PMI®

Los Cinco Grupos de Procesos y sus componentes más importantes a lograr en cada una de estas etapas.

Figura 2: Cinco Grupos de Procesos.

Cinco Grupos de Procesos

1.0 Iniciación	2.0 Planeación	3.0 Ejecución	4.0 Monitoreo y Control	5.0 Cierre
1. Desarrollar el Acta del Proyecto	3. Desarrollar el plan de administración del proyecto	4. Dirigir y administrar la ejecución del proyecto	5. Monitoreo y control del trabajo del proyecto	7. Cierre del Proyecto
2. Desarrollar la declaración preliminar del alcance			6. Control de Cambios Integrado	

---

[14] *Ibid.*, 391.

1. Iniciación
   a. Autorice el proyecto
   b. Comprometa a la organización con el proyecto o fase
   c. Fije la dirección general
   d. Defina los objetivos de nivel superior del proyecto
   e. Asegure las aprobaciones y los recursos necesarios
   f. Valide el alineamiento del proyecto con los objetivos generales del negocio
   g. Asigne un encargado del proyecto
   h. Integración administrativa
2. Planeación o Planificación
   a. Defina el alcance del proyecto
   b. Refine los objetivos del proyecto
   c. Defina todos los entregables requeridos
   d. Cree el marco para el cronograma del proyecto
   e. Proporcione el foro para la información que compartirá con los miembros del equipo y Stakeholders
   f. Defina todas actividades requeridas
   g. Ordene secuencialmente todas las actividades
   h. Identifique las habilidades y los recursos requeridos
   i. Estime el esfuerzo del trabajo
   j. Efectúe el análisis de riesgos y de contingencia
   k. Defina y estime todos los costos requeridos
   l. Obtenga la aprobación de financiamiento del proyecto
   m. Establezca su plan de la comunicación
3. Ejecución
   a. Completar el trabajo definido.
   b. Cumplir con las especificaciones del trabajo.
   c. Coordinar personas y recursos.
   d. Gestionar las expectativas de los interesados o Stakeholders.
4. Monitoreo y Control[15]
   a. Controlar los cambios y recomendar acciones correctivas o preventivas para anticipar posibles problemas.
   b. Monitorear las actividades del proyecto.
5. Cierre[16]

---

[15] *Ibid.*, 57.

[16] *Ibid.*, 58.

a. Que se obtenga la aceptación del cliente o del patrocinador para cerrar formalmente le proyecto o fase,
b. Que se realice una revisión tras el cierre del proyecto o la finalización de una fase,
c. Que se registren los impactos de la adaptación a un proceso,
d. Que se documenten las lecciones aprendidas,
e. Que se apliquen las actualizaciones adecuadas a los activos de los proceso de la organización,
f. Que se archiven todos los documentos relevantes del proyecto en el sistema de información para la dirección de proyectos (PMIS) para utilizarlos como datos históricos,
g. Que se cierren todas las actividades de adquisición y se asegure la finalización de todos los acuerdos relevantes, y que se realicen las evaluaciones de los miembros del equipo y se liberen los recursos del proyecto.

La definición de alcance nos ayuda a acotar lo que sí es nuestro proyecto, y lo que no es, así podemos enfocar nuestros esfuerzos en lograr ese alcance, muchos proyectos fracasan por una definición inadecuada del alcance y genera una frustración en el equipo de trabajo.

Pregunta Clave (1): ¿Ya tienes definido el alcance de tu proyecto de emprendimiento?

Capítulo 2. ¿Cómo definir qué proyecto debo de emprender?

La definición de Innovación y Emprendimiento en el ITESO me gusta para iniciar tu reflexión de la definición de tu proyecto que es "Un emprendedor es una persona que busca constantemente el cambio y la mejora dentro de todos los ámbitos en los que se desenvuelve. Esto implica tener una actitud diferente, de búsqueda, de mejora, de innovación, comprometida con lo que se hace, pero no solamente; exige también el desarrollo de habilidades para concretar ideas y proyectos.

El contexto actual plantea a los profesionistas desafíos que van desde generar alternativas de autoempleo –empleos, hasta contribuir, desde su ejercicio profesional, a la transformación del entorno social en el que se desenvuelven."

Para definir mi proyecto de emprendimiento debo de basarme en los fundamentos de la Mercadología, que inicia con identificar las necesidades de mis clientes. Las necesidades se basan en los rompimientos homeostáticos, que son la diferencia de estado que hay entre un estado de frustración o incómodo y en el estado ideal o pleno que deseo estar.

Este rompimiento homeostático, que nace de una necesidad y puede ser individual, o enfocado en la persona. Detrás del rompimiento homeostático está tu experiencia y tus intereses, y este es observable en la conducta del individuo.

Una vez identificada la necesidad, el siguiente paso es buscar qué grupo de personas comparten esta necesidad en común, ya que será a donde nuestro producto está enfocado, y ese se define como un segmento de mercado y consiste de un grupo de clientes que comparten un conjunto similar de necesidades y deseos.

Como ejemplo es la escritura de este libro, primero identifique una necesidad por parte de los mexicanos de emprender un negocio debido al nivel de sueldos tan bajos que actualmente existen en el mercado para los egresados de carreras universitarias, esto se debe a mi observación e interacción con mis alumnos y expectativas de sueldo.

Una vez identificada la necesidad, tengo que definir un producto o servicio que pueda beneficiar a mi mercado meta, y como fundamento mercadológico este encaminado a mejorar la calidad de vida de los individuos o demandantes a los cuales les ofrezco mi producto, por lo cual cumple con este requisito.

El siguiente paso sería el encontrar el segmento de mercado o conjunto de individuos los cuales comparten esta necesidad, este paso es lo que conlleva en realizar un análisis de mercado donde cuantifico estas variables para conocer la viabilidad del producto, y saber si a nivel costo y beneficio es viable continuar con mi proyecto o reenfocar su propuesta de valor.

Esto también se conoce como el modelo de negocio de mi proyecto, que es como voy a generar el dinero para poder operar adecuadamente, a continuación proveo una breve descripción de los más importantes.

MODELOS DE NEGOCIO[17]

En 2001, Michael Porter –un conocido y prolífico erudito de la escuela de la estrategia- arremetió con vehemencia contra el uso chapucero del concepto de modelo de negocio en un artículo premiado en el prestigioso Harvard Business Review: "La definición de un modelo de negocio es cuanto menos confusa.

Lo más común, parece, referirse a una concepción laxa de cómo una empresa hace negocios y genera ingresos" -Robben, Henry. (2010). Marketing con visión de futuro: Alcanzar y mantener el éxito de la empresa.

"Un modelo de negocio explicita el contenido (productos, recursos), la estructura (partes participantes, relaciones y forma de operar) y el gobierno de las transacciones designadas para crear valor al explotar oportunidades de negocio. -Amit y Zott (2001)

Los modelos de negocios son básicamente historias que explican cómo trabajan las organizaciones, indicando quiénes son nuestros clientes, cómo generamos utilidades, cuál es la lógica económica subyacente que nos permite entregar valor a los clientes a los que nos dirigimos a un costo apropiado. -Fundación Premio Nacional de Tecnología, A. C. (2002)

Un modelo de negocio tiene que ver con la configuración de recursos que permite a la empresa, crear y entregar la propuesta de valor para el cliente dentro de un segmento de mercado. -Henry Robben (2010)

"Describe las bases sobre las que una empresa: crea, proporciona, distribuye y capta VALOR" - Alexander Osterwalder.

---

[17] Alberto C. Flores Martínez, "Modelos de negocio, características y algunos tipos de modelos de negocio base," Mexico, 2016.

Características de un modelo de negocio

Las características de un modelo de negocio se suele ver así:

- Viable: Dicho de un asunto que, por sus circunstancias, tiene probabilidades de poderse llevar a cabo.
    - Técnica: Es la que permite determinar si la tecnología existente permitiría hacer realidad una idea o un proyecto de negocio y también si es conveniente hacerlo
    - Financiera: Es la que permite determinar el costo de un proyecto y a partir de ello, si se cuenta con suficiente dinero para financiar los gastos e inversiones que implica la puesta en marcha y operación del mismo.
    - Mercado: Es la que permite determinar si una idea de negocio o el modelo de negocio en sí mismo, cuenta con un mercado o grupo de clientes bien identificado a quién ofrecerle un producto, servicio o experiencia.
- Rentable: Un negocio es rentable cuando genera mayores ingresos que egresos, por tanto, la rentabilidad en un modelo de negocio es la relación entre la utilidad o la ganancia obtenida, y la inversión o los recursos que se utilizaron para obtenerla.
- Sostenible: En modelos de negocio se suele hablar de sostenibilidad es decir de sostenible, cuando se puede sostener o mantenerse en el tiempo no dependiendo de recursos (financieros, materiales, humanos) de terceros.
- Escalable: La escalabilidad se dice que NO necesariamente es un tema obligado para todos los modelos de negocio. Este es un tema más complejo de lo que parece, sin embargo, se dice que un negocio es escalable cuando puede multiplicar sus ingresos con un mínimo incremento en sus costos.
- Sustentable: Cuando se aplica al desarrollo socioeconómico, la sustentabilidad se plantea como la cualidad de sustentable, especialmente en cuanto al desarrollo, que asegura las necesidades del presente sin comprometer las necesidades de las futuras generaciones

17 Tipos de modelos de negocio

Existen una gran cantidad de tipos de modelos de negocio, algunos son una mezcla de varios o derivaciones de otros, aquí citando al Mtro. Alberto Flores les mencionare los 17 más importantes que trabajamos en su asignatura durante la Maestría de Mercadotecnia Global.

Figura 3. 17 tipos de modelos de negocio

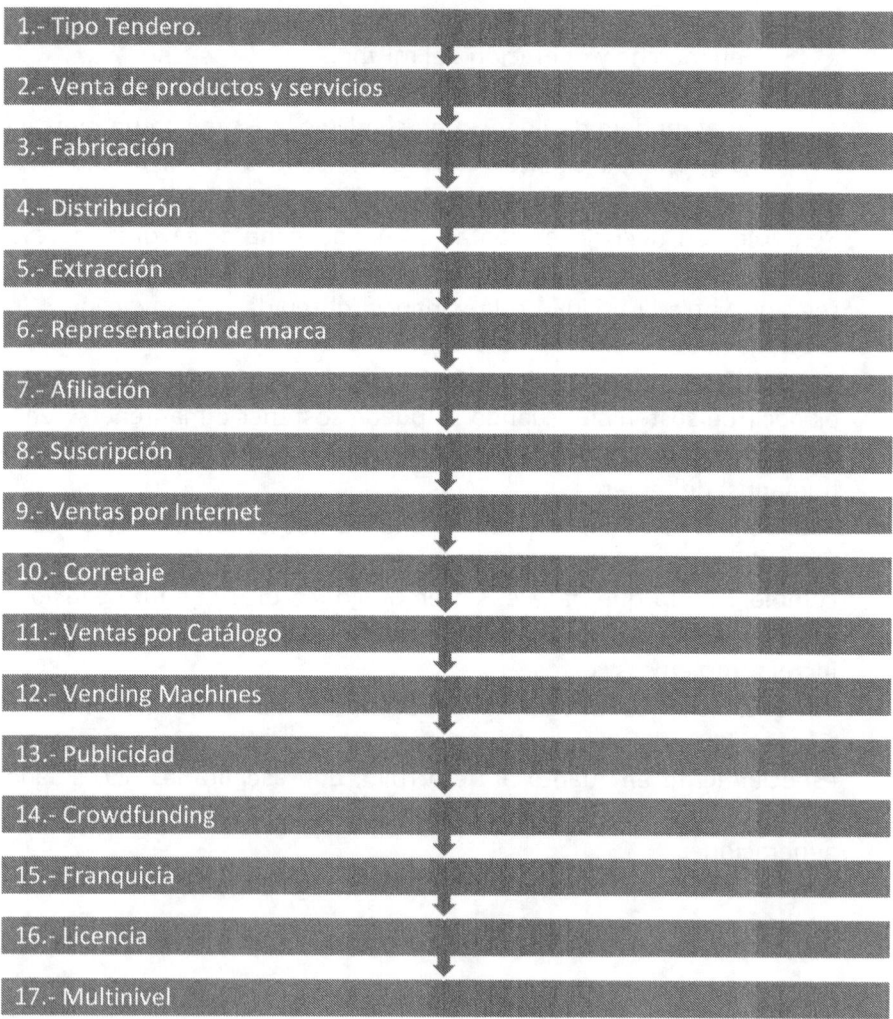

1.- Tipo Tendero.

2.- Venta de productos y servicios

3.- Fabricación

4.- Distribución

5.- Extracción

6.- Representación de marca

7.- Afiliación

8.- Suscripción

9.- Ventas por Internet

10.- Corretaje

11.- Ventas por Catálogo

12.- Vending Machines

13.- Publicidad

14.- Crowdfunding

15.- Franquicia

16.- Licencia

17.- Multinivel

1. Tipo Tendero: Consiste en instalar un negocio y buscar un lugar donde se encuentren los clientes potenciales y ahí desplegar la oferta de productos y servicios. Es el primero de los negocios que existe y el más básico. EJEMPLOS: Papelerías, tiendas de abarrotes, carnicerías.

2. Venta de productos y servicios: Es el modelo de Negocio que se basa en satisfacer la gran mayoría de las necesidades. Tiene muchos establecimientos y s e basa en el perfil del cliente para cubrir sus necesidades y ofrecerles los servicios necesarios. La relación con el cliente se basa generalmente en el autoservicio. EJEMPLOS: Oxxo, Home Depot

3. Fabricación: La optimización de costos, genera el bajo costo del mismo. Es la frontera entre inventores y productores. Utiliza insumos para la fabricación de productos terminados, o semi-terminados. EJEMPLOS: Toyota, impresión 3D.

4. Distribución: El emprendedor es un agente independiente dentro del canal de ventas del fabricante y se encarga de hacer llegar la mercancía a los consumidores finales. Para ello, debe firmar un contrato y hacer una inversión inicial fijada por el propietario del producto. EJEMPLOS: Mercado de Abastos, Walmart.

5. Extracción: El modelo de Negocio de Extracción se basa en la extracción de materia prima y de productos de origen mineral, vegetal y animal. Se conoce como materia prima a la extraída de la naturaleza y que se transforma para elaborar materiales que más tarde se convertirán en bienes de consumo EJEMPLO: Empresas mineras.

6. Representación de marca: Es un acuerdo de distribución exclusiva para comercializar los productos de una compañía fabricante. Se puede otorgar por regiones, países y hasta continentes, asumiendo las obligaciones del corporativo en tu territorio. En ocasiones, incluye permisos de sub- distribución.

7. Afiliación: A grandes rasgos, consiste en incitar a otros a que compren productos y/o servicios de terceros a cambio de una comisión por la venta. Es un modelo que está muy relacionado al social discovery y al social e-commerce, que tienen que ver con comprar (y vender) cosas que otros recomiendan. EJEMPLOS: Fancy, BetMul

8. Suscripción: En la suscripción en lugar de vender productos de forma individual, una suscripción vende de forma periódica (mensual, anual o de temporada) el uso o el acceso a un producto o servicio. EJEMPLOS: Periódico Mural, Spotify, Netflix.

9. Ventas por Internet: Conecta a vendedores y compradores por internet, facilita la comunicación entre personas pero no lo hace físicamente. EJEMPLOS: FACEBOOK O AMAZON.

10. Corretaje: Los sitios especializados en este modelo son básicamente generadores de mercado, son el punto medio entre vendedores y compradores y facilitan la transacción entre ellos. Cobran una comisión EJEMPLOS: ebay, paypal, amazon, trivago

11. Ventas por Catálogo: Consiste en contactar personalmente al cliente para entregarle un ejemplar que contiene información de productos de cierta marca. Esto para tomar un pedido en el momento o después. Los artículos que más se comercializan son: cosméticos, calzado, suplementos alimenticios, etc. EJEMPLOS: Andrea (calzado), Avon (maquillaje)

12. Vending Machines: Las máquinas expendedoras despachan el producto al cliente con sólo depositar el dinero en la misma. Se ubican en lugares con alta afluencia de personas como centros comerciales, corporativos y oficinas de gobierno. EJEMPLOS: Coca Cola, Redbox.

13. Publicidad: Es una extensión del modelo tradicional de transmisión de medios. En este caso es un sitio web que provee contenidos y servicios mezclados con mensajes publicitarios en la forma de "banners", los que pueden ser la principal o única fuente de ingresos para el medio. El medio puede ser un creador o distribuidor de contenidos de otros sitios. EJEMPLOS: Google AdSense

14. Crowdfunding: En el modelo de crowdfunding no se buscan inversionistas, ni pedir dinero prestado; se trata de donaciones libres de personas interesadas en tus ideas y que quieres verlas hechas realidad. No es un solo gran aporte a tu proyecto, son miles de pequeños aportes. Consiste en crear una red de colaboraciones para financiar proyectos. EJEMPLO: Fondeadora MX, Kickstarter.com.

15. Franquicia: Modelo de negocio de más rápido desarrollo en el mundo y a través del cual se llevan productos, servicios y conceptos comerciales tanto a nivel local como internacional. Es un formato de negocios dirigido a la comercialización de bienes y servicios, según el cual una persona física o moral (franquiciante) concede a otra (franquiciatario), por un tiempo determinado, el derecho de usar una marca, transmitiéndole los conocimientos técnicos necesarios que le permitan comercializar dichos bienes y servicios con métodos

comerciales y administrativos uniformes. EJEMPLOS: Subway, Vancouver Wings, Yogen Fruz.

16. Licencia: Modelo de negocio en el que el licenciante otorga al licenciatario un permiso limitado para usar o reproducir una marca, imagen, logotipo, personaje o línea de artículos. Esto durante determinado tiempo o cantidad de productos fabricados o comercializados. Todo esto a cambio del pago de regalías, que es un porcentaje sobre las ventas obtenidas. EJEMPLOS: Disney (imagen de personajes, películas, etc.) Telcel (tonos).

17. Multinivel: Sistema de canal de distribución en el que los distribuidores compran la mercancía al fabricante y reciben un descuento, el cual se convierte en su ganancia al momento de realizar la venta. También pueden reclutar a otras personas para integrarlas bajo su estructura y recibir un porcentaje por las ventas de cada uno de sus agremiados. EJEMPLOS: Herbalife, Usana.

SELECCIÓN DE OPORTUNIDADES

Durante la etapa de iniciación de un proyecto es cuando se debe de definir la propuesta de valor del proyecto a emprender. Este proceso denominado la fase 0 basándome en la metodología presentada por la Mtra. Guadalupe Certucha este proceso que antecede el Ciclo de Vida del Producto que nos presenta Kotler.

Fase 0 - No hay utilidades / emprendimiento
a)   Ideas o Estrategia

La fase de idea es aquella que te debe de haber llevado a comprar este libro, ya que regularmente traes en mente el área de negocios donde puedes incursionar, sin embargo te debes de preguntar ¿Qué problema resuelve mi nuevo negocio? ¿Quién es mi competencia? ¿Existen otros productos parecidos en el mercado? ¿A qué segmento de mercado voy dirigido? ¿Tengo alguna estrategia de costo-precio, diferenciación o alta segmentación[4]?

Si no tienes una idea u oportunidad en concreto, sin embargo tienes la semilla del emprendimiento en tu persona, para poder identificar un producto enfócate en los problemas que se te presentan de manera cotidiana y/o alguna área de mejora en un proceso cotidiano que renueve el mercado, recuerda que cuando Steve Jobs inventó el IPhone que a la postré llevo a la creación de la Industria de los Teléfonos Inteligente, nadie lo veía como un nuevo satisfactor, y ahora casi nadie de las nuevas generaciones pueden vivir sin él, a poco cuando se te olvida no te da estrés de estar incomunicado con el mundo.

Pregunta Clave (2): ¿Ya tienes identificada la idea u oportunidad que te ayudará a resolver el problema de un segmento de mercado?

Una vez identificada la idea u oportunidad tenemos que evaluarla de manera subjetiva con nuestro equipo de trabajo para poder tener un mejor panorama si es la ideal, no solo aventarnos empíricamente como muchos de los emprendedores lo hacen, sin embargo esto reduce sus probabilidades de tener éxito, y por eso el 70 % de los nuevos negocios en México cierran sus puertas antes de 5 años, mientras solo el 11% llegan a los 20 años.[18]

Citando al Mtro. Humberto Valdivia "Evaluar oportunidades para nuevos productos cuando están a nivel de ideas, es un proceso en el que intervienen los conocimientos, sensibilidad y experiencia de una persona que toma decisiones."[19]

Una vez que identifiquemos las diversas oportunidades es importante establecer una categoría y prioridad para hacer un análisis cuantitativo en base a nuestro conocimiento de la propuesta, agregando a la medida de lo posible hechos factuales como lo es un análisis de la industria.

En cuanto las categorías con su prioridad a utilizar un ejemplo puede ser la siguiente:

Tabla 1: Categorías con su Prioridad

Prioridad	Categoría
1	Competencia
2	Tamaño del Mercado
3	Diferenciación
4	Frecuencia de Uso

Las categorías pueden ser modificadas en base a tus oportunidades, sin embargo cabe señalar que por lo menos tienes que utilizar más de una categoría en tu análisis para que sea estadísticamente significativo tu resultado, y utilizar a la medida de lo posible un equipo multidisciplinario para eliminar el sesgo de una función hacia una oportunidad.

---

[18] Claudia Ocaranza, *El 70% de las empresas cierran antes de 5 años | Dinero en Imagen.com*, 19 de february de 2015, 70, DineroenImagen, desde http://www.dineroenimagen.com/2015-02-19/51178 .

[19] Humberto Valdivia, "Evaluación de Oportunidades para Nuevos Productos," 24 de february de 2015, 1.

Una vez que determinamos las categorías debemos de asignarle un valor a cada una. Mi recomendación es utilizar la escala del psicólogo Rensis Likert, donde regularmente se enumera del 1 al 5, siendo el 1 como la calificación más baja y el 5 la más alta.

Dependiendo de la Idea u Oportunidad podemos generar en base a nuestras categorías una descripción que vaya acorde con el número. A continuación presento mis ejemplos para asignarle un valor a las categorías enlistadas arriba para asignarle un valor a mis ideas u oportunidades.

Por ejemplo para competencia:
1. Competencia en monopolio u oligopolio
2. La competencia está en su nivel más alto, o es un océano rojo.
3. Existe competencia en un nivel medio, ya existen diferentes competidores.
4. Existe competencia en un nivel bajo, ya que el producto es relativamente nuevo.
5. No existe competencia, es un producto nuevo o disruptor del mercado.

Por ejemplo para tamaño del mercado:
1. Puedes comercializar el producto a un grupo de individuos en tu localidad.
2. Puedes comercializar el producto en tu localidad, sin restricciones.
3. Puedes comercializar el producto en tu estado, con ciertas restricciones en poblaciones.
4. Puedes comercializar el producto a nivel del país, con ciertas restricciones estados.
5. Puedes comercializar el producto a nivel global, con ciertas restricciones en países.

Por ejemplo para diferenciación del producto:
1. Es una copia a un producto existente, y competirás en base a costos en lo general.
2. De un producto ya existente, estas mejorando un atributo.
3. De un producto ya existente, estas mejorando de dos a cuatro atributos.
4. De un producto ya existente, estas mejorando cinco o más atributos.
5. Es un nuevo satisfactor o disruptor del mercado.

Por ejemplo para frecuencia del uso del producto:
1. Solamente se compra el producto una vez.
2. Cuando se presente la necesidad.
3. De manera anual
4. De manera mensual
5. De manera semanal o diaria.

Una vez determinadas mis categorías con su descripción clara, para que me ayude a la toma de decisiones con mi equipo de trabajo procedo a asignarles un valor a mis ideas u oportunidades, como se puede leer en la Tabla 2.

Tabla 2: Ejemplo de evaluación de Ideas u Oportunidades

	Categorías			
Prioridad	1	2	3	4
Idea u Oportunidad	Nivel de Competencia	Tamaño del Mercado	Diferenciación del Producto	Frecuencia de Uso del Producto
Escribir un libro enfocado en administración de proyectos para emprendedores	3	5	4	2
Escribir un libro de administración de proyectos en México.	2	4	2	2

Después de la categorización en base la prioridad u importancia que le asigne a cada categoría procedo a darle una ponderación, recordando que la sumatoria total debe de ser 1.

Tabla 3: Categorías con Ponderación.

Prioridad	Categoría	Ponderación
1	Competencia	0.30
2	Tamaño del Mercado	0.25
3	Diferenciación	0.25
4	Frecuencia de Uso	0.20
Total		1.00

Entonces una vez que asignamos la ponderación, pudiendo asignar el mismo valor a dos categorías con diferente prioridad, procedemos a hacer una formula aritmética de multiplicación como se explica a continuación:

Total de la Idea u Oportunidad = Valor de la Oportunidad x Ponderación

Tabla 4: Ejemplo de evaluación de Ideas u Oportunidades multiplicado por su ponderación

	Categorías				
Ponderación	0.30	0.25	0.25	0.20	
Idea u Oportunidad	Nivel de Competencia	Tamaño del Mercado	Diferenciación del Producto	Frecuencia de Uso del Producto	**Total de la Idea u Oportunidad**
Escribir un libro enfocado en administración de proyectos para emprendedores	0.90	1.25	1.00	0.40	**3.55**
Escribir un libro de administración de proyectos en México.	0.60	1.00	0.50	0.40	**2.50**

Por lo tanto en este caso en base a la calificación más alta podemos determinar que escribir un libro de administración de proyectos enfocado en los emprendedores tiene mayor probabilidad de ser un producto exitoso que únicamente enfocarlo en la metodología de administración de proyectos enfocada en México.

Recuerda seguir los siguientes pasos para definir tu idea u oportunidad que tiene mayor probabilidad de éxito con tu equipo de trabajo. (Agregar diagrama de flujo)

1. Reunirte para definir o re-definir tus ideas u oportunidades.
2. Definir que categorías van a utilizar para tus ideas u oportunidades.
3. Asignar la prioridad a cada categoría en base a tus ideas u oportunidades.
4. Agregar una ponderación en base a la prioridad a cada categoría.
5. Obtener el Total de la idea u oportunidad.
6. Tomar una decisión de cuál es la Idea u Oportunidad Optima a emprender

Pregunta Clave (3): ¿De tus ideas u oportunidades iniciales, ya determinaste cual será la ideal en base al resultado de tu análisis cuantitativo?

OBJETIVO TIPO SMART

Una vez determinada la idea u oportunidad idónea, es momento de definirla como objetivo tipo SMART para definir el alcance de tu proyecto, a continuación un ejemplo de cómo escribir un objetivo para tu negocio.

Tabla 5: Objetivo Tipo SMART

Atributo	Descripción	Componente de la Meta
S – Específica	Una meta INTELIGENTE incluye un objetivo específico.	Escribir un libro enfocado en Administración de Proyectos para Emprendedores
M – Medible	Una meta INTELIGENTE incluye criterios de medición para medir el logro, incluidas las metas finalizadas parcialmente.	Entre 80 y 120 páginas.
A – Alcanzable aunque suponga un reto	Una meta INTELIGENTE es alcanzable, aunque retadora.	Escribir el libro, validarlo y comercializarlo en un lapso de 9 meses suena alcanzable.
R – Relevante o Realista	Una meta INTELIGENTE es alcanzable, aunque retadora.	Existe un segmento de mercado con la necesidad de emprender negocios en México.
T – Tiempo Determinado	Una meta INTELIGENTE incluye un período de tiempo.	Para finales de Diciembre, 2015
Objetivo SMART completo	**Un objetivo completo incluye todos los atributos SMART.**	**Escribir un libro enfocado en Administración de Proyectos para Emprendedores de entre 80 y 120 páginas validado por un Editor y listo para comercializarse para finales de Diciembre, 2015.**

Pregunta Clave (4): ¿Ya tienes definido tu Objetivo Tipo SMART para tu Proyecto de Emprendimiento?

COMPORTAMIENTO DEL CONSUMIDOR[20]

El comportamiento del consumidor es una ciencia interdisciplinaria. Es un campo de estudio donde confluyen muchos. El objeto de estudio no puede estar cerrado a nadie, todos los profesionales que lleguen al área son y serán bienvenidos, no hay necesidad de pasaporte, el único requisito es que tengan algo que aportar.

El problema se aclaró, los consumidores tenían preferencias distintas, había modas, se rebelaban ante la idea de usar productos iguales. Las necesidades, gustos y estilos, personalidades de cada quien confluían en productos que, dentro de una gama similar, se compraban.

La mercadotecnia y el estudio del consumidor se hermanan cuando se hace hegemónico el actual concepto de mercadotecnia, fabricar lo que el consumidor desea comprar en lugar de fabricar lo que el fabricante quiere vender. Ese problema, en este momento, une la línea seguida por los estudios del consumidor con la línea de la mercadotecnia que hasta entonces habían ido por caminos diferentes. Es el núcleo, como vimos, de la aportación de los sociólogos, la segmentación del mercado.

El segundo elemento que impulsó los estudios del consumidor fue caer en la cuenta de que no todos los productos nuevos que se lanzaban al mercado tenían éxito. Algunos fueron verdaderos desastres en ventas, no se compraban. Se confirmó que la idea de Juan Bautista Say "toda oferta crea su propia demanda" no coincidía con la realidad. Para introducir nuevos productos con éxito, sin pérdidas, lo mejor era conocer los gustos, deseos, necesidades, preferencias de los consumidores y sobre eso fabricar ciertos productos y no fabricar otros, también posibles. Ahí vienen los psicólogos, no basta la segmentación, hay que entender más al cliente, entrar a su personalidad de compra, los elementos del conjunto/segmento son personas.

---

[20] Pablo Lasso Gómez, "La evolución de los saberes sobre el consumidor," november de 1997.

El tercer elemento que impulsó el desarrollo del estudio del consumidor vino a través del producto, su ciclo de vida. Pero eso no trajo una oleada nueva de recién llegados sino que los existentes empezaron a agruparse para resolver los problemas, cada vez más complejos, que planteaba la mercadotecnia. Los ciclos de vida de los productos eran cada vez más cortos por la introducción de otros nuevos que en el gusto del consumidor reemplazaban los antiguos. El estudio de las necesidades y deseos insatisfechos de los consumidores de los productos ya existentes vs. los nuevos, marca el ciclo de vida del producto y las estrategias que hay que emplear en cada una de las etapas de ese ciclo de vida para influir en el comportamiento de compra.

Pero lo importante para la asignatura del consumidor es transitar, de la semiótica del mundo construido del sujeto, de la semiótica vivida, del mapa conceptual y de las partes compartidas de ese mundo construido (nuevo concepto de segmentación), hacia la construcción del lenguaje publicitario. Un lenguaje publicitario donde se le pueda decir al consumidor/receptor, o al segmento de consumidores, con sus mismos significados, lo que puede y debe esperar como satisfactor del producto/servicio que se les está ofreciendo, adaptado a su mundo construido en base al cual toma decisiones.

Pasos para realizar la decodificación semiótica:

1.- Construcción del material de análisis. Tomar de las verbalizaciones todo lo que pertenezca a la relación sujeto/producto.
2.- Descomposición de lo anterior en elementos unitarios dotados de sentido (fiases simples ordenadas en forma de sujeto/verbo/predicado).
3.- Identificación de la categoría mental a la que pertenece el producto/servicio.
4.- Identificación del campo semántico relacionado. El conjunto de objetos que aparecen con el producto o servicio a considerar.
5.- Identificación de las enumeraciones de las acciones posibles que unen los sujetos (consumidores) con los productos o servicios. Es decir las modalidades de la relación usuario/producto que no es otra cosa que la identificación de los verbos y sus modalidades de relación.

Quiero señalar con lo anterior que es posible decodificar el mundo construido de los consumidores, pasar del individuo a la cultura, la moda y finalmente expresarlo con números, el gran desafío de las técnicas llamadas impropiamente cualitativas (dado que se puede cuantificar lo cualitativo).

Ejemplo de una decodificación semiótica:[21]
Problema
Queremos saber cuáles son los motivadores para comprar departamentos en torres de lujo en lugar de una casa y sus implicaciones en el estilo de vida.
*Consideraremos departamentos de lujo, a partir de 3 millones de pesos.

Objetivo
1. Conocer las características socioeconómicas y culturales de los compradores.
2. Descubrir las ventajas y desventajas sobre ese estilo de vida.

Perfil del Entrevistado
Entrevistaremos a gente que:
- Haya decidido la compra y usuarios finales (propietarios directos é indirectos).
- Lleven mínimo un año viviendo en el departamento.
- Que tengan el departamento dentro de las zonas de mayor plusvalía de la zona metropolitana de Guadalajara (Andares, Col. Providencia, Chapultepec, Zona Minerva, Zona El Country etc.).

---

[21] Jorge Romero *et al.*, "Torres de Lujo en la ZMG," Tlaquepaque, Jalisco, may de 2016.

1. Construcción del Material de Análisis

Figura 4. Material de Análisis para Torres de Lujo en la ZMG.

Estudio realizado a:

 10 hombres

 8 mujeres

Acostumbran a viajar:

 **36%**

 **31%**

Estado Civil:

61%   **39%**

Personal de Servicio:

100%

Hijos:

83%

Ventajas de vivir en un departamento:

 **55%**

 **24%**

Tipo de música de preferencia:

 **37%**

 **33%**

Propietario:

 **44%**

Restaurante Favorito:

17%   **11%**

2. Elementos Unitarios Dotados de Sentido

Palabras que son más significativas para el entrevistado son:
- Cercanía
- Seguridad
- Privacidad
- Exclusividad
- Parejas sin hijos

2. Categorías psicológicas / necesidad satisface
- **Ubicación:** Personas con sentido práctico que buscan tener calidad de vida al no estar pasando una gran parte de su tiempo en tráfico.
- **Necesidad:** Convivencia familiar empleando tiempo de calidad en lugar de tiempo de transporte
- **Valores de campo relacionados:** Cercanía es un factor que permite tener proximidad con la familia, trabajo y diversiones.
- **Seguridad:** Personas que cuidan tanto de ellos mismos, como de sus familias y de sus bienes materiales.
- **Necesidad:** Evitar poner en riesgo tu patrimonio, no preocuparse por problemas de inseguridad, en especial para sus familias.
- **Valores de campo relacionados:** La seguridad y un ambiente privado, aparecen como las principales amenidades o ventajas.
- **Parejas sin hijos (DINKS):** Personas por el momento valoran de su tiempo libre e ingresos para poder vivir con un nivel de vida más alto y realizar sus actividades favoritas.
- **Necesidad:** Tiempo de calidad y suficiente, para realizar diferentes actividades (viajes y pasatiempos).
- **Valores de campo relacionados:** Tiempo, comodidad y calidad de vida.

4. Mapa Conceptual Intersujeto

Figura 5. Mapa conceptual intersujeto

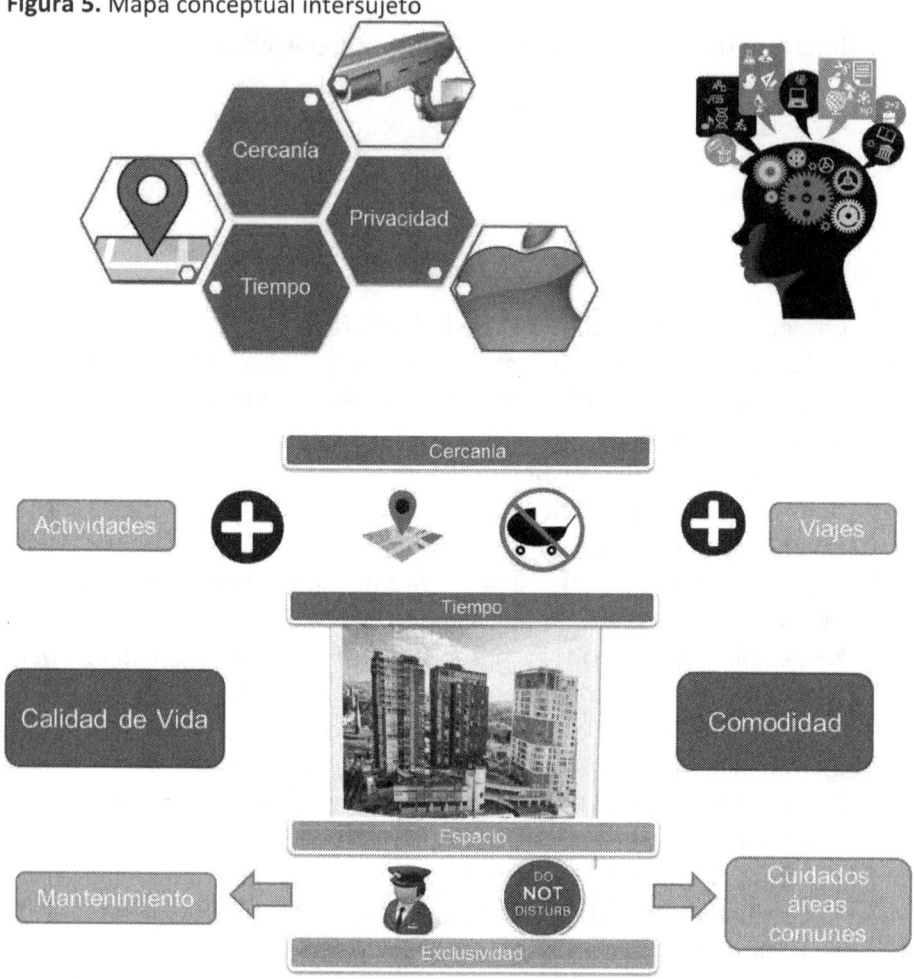

5. Acciones vinculantes entre el sujeto y el objeto
¿Qué acciones le recomendaría a mi usuario?

- Construir departamentos cerca de los centros de trabajo o actividades económicas preponderantes.
- Cerca de restaurantes y centros comerciales
- Que cuenten con al menos 2 cajones de estacionamiento
- Que cuenten con alberca, salón de eventos y áreas verdes
- Que se ofrezca por default servicio de seguridad y mantenimiento

NEUROMARKETING
Historia del Neuromarketing [22]

La era del cerebro comenzó hace poco más de 3 décadas, muchas han sido las áreas científicas que se han sumado a la búsqueda de respuestas sobre el funcionamiento de este órgano tan fascinante como complejo. El neuromarketing, hizo su aparición gracias a una campaña que dejo una duda por más de 30 años, hasta que la tecnología hizo posible con observación, resolver la incógnita que tiene perplejos a los mercadologos: ¿por qué las personas prefieren una marca aunque les guste otra?. Desde entonces, solo algunos se han sumado a la búsqueda de respuestas.

Los procesos cerebrales son complejos, aun cuando se ha intentado hacer sencillo su análisis, cuando 30 billones de neuronas se conectan y responden a los estímulos, es muy difícil observar los procesos, es por eso que es necesario crear puentes entre las neurociencias y las áreas económicas que permitan nutrir su estudio. Finalmente, la toma de decisión de un individuo está basada en eventos biológicos, así que no hay razón para no sentirse invitado al estudio de este increíble y fascinante órgano.

Se dice que el debut del matrimonio mercadología y neurociencia surgió gracias a una campaña increíblemente simple, aparentemente, en la década de los 70's en el siglo pasado conocida como el reto Pepsi. El reto consistía en dar a saborear entre dos productos de Cola y la gente invariablemente elegía a Pepsi.

---

[22] Dra. Alma Dzib Goodin, "Construyendo puentes y destruyendo fronteras: la neurociencia en la mercadología," Universidad Pedagógica Nacional, Unidad Ajusco, 2014.

La campaña dejó al neuro científico Read Montague y otros colegas pensando durante 30 años, pues no tenía sentido que si la gente prefería el sabor de Pepsi, la bebida debería entonces dominar el mercado, pero no fue así, por lo que en el verano de 2003, Montague se auto aplicó el reto Pepsi con alguna variante: descubrir por qué la gente prefería comprar el producto que no les gustaba.

Ese planteamiento de problema, dio como resultado a un campo completamente Nuevo que se conoce como neuromarketing, que comenzó con el estudio de las respuestas cerebrales mientras tomaban Pepsi. Para ello Montague observó la actividad neuronal con una MRI funcional y analizó el torrente sanguíneo en distintas áreas del cerebro. Sin saber que era lo que estaban bebiendo, se formaron 4 grupos de prueba, dos donde los participantes no sabían lo que tomaban, uno donde se le decía que tomaban Pepsi y uno más al que se le indicaba que su bebida era Coca Cola.

La mitad de los participantes dijeron preferir Pepsi, pero cuando Montague les dijo que lo que habían bebido era Coca Cola, tres cuartas partes de ellos dijeron que sabía mucho mejor y su actividad cerebral cambió también, la palabra Coca Cola iluminó la parte media de su corteza pre frontal que es la parte donde el cerebro controla el pensamiento de alto nivel.

Montague y sus colaboradores concluyeron que el cerebro había retomado imágenes e ideas de los comerciales y que esto influenciaba mucho más que el sabor, pues ambas bebidas tienen composiciones químicas parecidas (Mcclure, Li, Tomlin, Cypert, Montague & Montague, 2004).

Esto vino a dar respuesta al por que durante años las marcas habrían fracasado, atribuyendo el hecho a malas campañas publicitarias, mientras que los mercadologos decían que el fracaso se debía a las preferencias de los consumidores. Por primera vez se tenía una prueba contundente de ello.

Y se dio paso a un matrimonio que a veces se niega y que no ha llegado a consolidarse, el neuromarketing.

Aplicación del Neuromarketing[23]

Antes de los 90´s, las neurociencias y nuestro campo se intersectaron en el campo de la ergonomía aplicada, cuando en las prácticas ergonómicas se incluyó el uso de equipo de BIOFEEDBACK para medir las condiciones de estrés en entornos laborales. Para el cambio del milenio, con el estudio sistemático de las emociones y su presencia en las decisiones de compra del consumidor, permitió integrarlas en el área de la mercadotecnia emocional. Casi contemporáneamente los rompimiento homeostáticos en la relación satisfactor – necesidad, modificó la manera de detectar oportunidades en el desarrollo de productos. Aunque en estos dos intersecciones no hubo, en primera instancia, la presencia de mediciones duras, si se obtuvieron resultados relevantes con la simple aplicación de los principios de las neurociencias.

Hoy en día el uso de mediciones mediante distintos instrumentos (Biofeedback, Eye Tracking, Facial Expression Camera, entre otros) abren un territorio inmensurable de oportunidades de avance, sobretodo para las ciencias "blandas", al tener soporte en datos duros de las ciencias físicas, los puntos de contacto con las neurociencias se multiplican. En nuestra institución, además de la mercadotecnia, las finanzas ya son parte de este contacto y ahora que tenemos un laboratorio, con equipamiento básico, se puede potenciar la interacción. Lo que sigue, antes de jugar con estrategias y lanzar proyectos, se considera pertinente elaborar un mapa del territorio para que las disciplinas que integran nuestro departamento puedan establecer puntos de partida para volar en los nuevos horizontes. Las neurociencias abren los campos del conocimiento y nuevos espacios de exploración al arranque del milenio.

Atendiendo cronologías experienciales Las **respuestas** fisiológicas en entornos laborales es un buen punto de partida. La ergonomía del trabajo mide, propone modificaciones y da seguimiento a los efectos estresantes debidos a anomalías en: posturas, esfuerzos, iluminación, visión condiciones auditivas, vibración, jornadas laborales, ciclos circadianos entre otros. La medición cuantitativa de anomalías y las mejoras que se implementen es un campo muy amplio para la administración de los recursos humanos.

[23] Humberto Valdivia, "LAS NEUROCIENCIAS Y NOSOTROS MAPA DEL TERRITORIO," ITESO, abril de 2014.

Las **respuestas** humanas definen la mayoría de los territorios del campo de nuestro interés en neurociencias, así, además de los ergonómico, tenemos respuestas a estímulos visuales, acústicos, verbales, aromáticos, texturas, motivacionales y emocionales de otros individuos, entre otros. Cada uno de ellos está asociado a uno o más de estos territorios: publicidad, entrevistas, pruebas del producto, ventas, servicio al público, entre otros.

El otro campo importante de intersección tiene que ver con las **decisiones**. El proceso neuronal asociado a elegir una opción es motivo de interés por estar en juego los componentes más primitivo y el más avanzado del cerebro. Estos fenómenos le ocurren desde el líder de una organización para marcar el rumbo o decidir una inversión; pasando por decisiones en mandos medios; por procesos de negociación; por la atención al cliente; entre otras, hasta llegar al consumidor en un proceso de compra.

Por último existe un proceso de evolución continua en el balance que existe entre un satisfactor y una necesidad, el primero representado por los productos y el segundo por los consumidores, cuando existe y mientras dura esa homeostasis el producto funciona adecuadamente. Sin embargo, por algún cambio en el entorno y sobretodo por los cambios en el propio individuo, eventualmente sobreviene un **rompimiento de homeostasis**, este ocurre acompañado y manifestado por emociones no buscadas (malestar, miedo, disgusto, inseguridad, ira, entre otras). Este fenómeno es la fuente fundamental de oportunidades para la innovación y el desarrollo de productos.

Estrictamente hablando, todos los casos presentados son **respuestas humanas** aunque no todas vienen de estímulos externos provocados, porque algunas son respuestas a las actividades cotidianas; al discernimiento del individuo o por su interacción con los productos, otros individuos y el entorno. Por conveniencia se pueden dividir en los tres grandes campos: **Respuestas**, **Decisiones** y **Rompimientos Homeostáticos**.

TABLERO DE EXPERIMENTOS

El método del tablero de experimentos se utiliza para validar hipótesis de negocios con diferentes supuestos directamente a los clientes finales para poder incrementar la probabilidad de éxito de un proyecto de emprendimiento en el corto plazo.

El tablero de experimentos sirve para entender cómo puedes llegar a tener una mejor propuesta de valor para un segmento de mercado meta, y de ahí ya formar nuevamente nuestro Modelo de Negocios CANVAS con supuestos más realistas e inclusive validados.

Los experimentos se estructuran a través de entrevistas simples enfocados en tu segmento de mercado meta a validar, el problema que buscas solucionar y cuáles son tus supuestos más riesgosos para poder lograrlo.

Es a través del método científico que realizamos esta validación, ya que tenemos hipótesis o problema, y tenemos supuestos que si se cumplen en el campo, entonces la hipótesis se valida y en teoría podemos resolver el problema.

En cuestiones de emprendimiento en el ITESO se busca que para poder incubar un negocio hayas validado directamente en el mercado con tus clientes objetivos el modelo de negocio.

Durante el estudio de la Maestría en Mercadotecnia Global en el ITESO trabajamos en validar durante el semestre una serie de experimentos enfocado en las personas de la tercera edad en la ZMG, este fue el resultado después de realizar 78 entrevistas a través de 5 diferentes experimentos que pueden revisar a continuación.

Tabla 6. Experimentos de Validación para Personas de la Tercera Edad en la ZMG[24]

Experimentos	1	2	3
Cliente	NSE A/B+ 65-80 años Casado c/hijos ZMG	NSE A/B+ 65-70 años No importa el estado civil ZMG	NSE A/B+ 65-70 años No importa el estado civil ZMG
Problema	No tienen que hacer día tras día	No tienen que hacer día tras día	No identifican donde contratar las actividades
Solución			
Supuesto más Riesgoso	Ya no tienen ilusiones, deseos, ganas o actitud	Se sienten cansados para realizar nuevas actividades	No existe un lugar para contratar actividades que quieran hacer
Método y Criterio de Éxito	Exploración Entrevistas 12/15 = 80%	Exploración Entrevistas 12/15 = 80%	Exploración Entrevistas 12/15 = 80%
Resultado y Decisión	7/16 = 44% Pívot (C)	15/15 = 100% Perseverar	3/15 = 20% Pívot (C)
Aprendizaje	Diferencias entre estar en un asilo y una casa Las personas que están en un asilo no son consumidores	Buscan tiempo para ellos Desean tranquilidad y pasar tiempo social Les gusta sentirse parte de un círculo social de personas activas	Contratan o realizan muchas actividades a través de los hijos Viajar es un gusto compartido por la mayoría Contratan agencia de viajes Disfrutan de actividades físicas

---

[24] Jorge Romero Espinosa, *INVESTIGACIÓN APLICADA EN PERSONAS DE LA TERCERA EDAD EN LA ZMG*, INSTITUTO TECNOLÓGICO Y DE ESTUDIOS SUPERIORES DE OCCIDENTE, Tlaquepaque, Jalisco, 2016, 42.

Tabla 7. Experimentos de Validación para Personas de la Tercera Edad en la ZMG[25]

Experimentos	4	5
Cliente	NSE A/B+ 60-69 años No importa el estado civil ZMG	NSE A/B+ 60-69 años No importa el estado civil ZMG
Problema	Identificar actividades que realmente quieran hacer y pagar	No tienen comunidades con intereses similares
Solución	Plataforma Integral de Información para Personas de la Tercera Edad en la ZMG	**Plataforma web que promueva comunidades con intereses similares**
Supuesto más Riesgoso	No encuentran actividades significativas	Si ingresarían a una plataforma web a interactuar con otras personas con intereses similares
Método y Criterio de Éxito	Exploración Entrevistas 12/15 = 80%	Exploración Entrevistas 8/10 = 80%
Resultado y Decisión	13/15 = 86% Perseverar	10/10 = 100% Perseverar
Aprendizaje	Si tienen un equipo para usar internet, regularmente un teléfono inteligente Si usan frecuentemente el internet Si usan WhatsApp como medio de comunicación	Para las personas de la tercera edad si es interesante una plataforma web que promueva los intereses similares. Buscan información relevante en la plataforma web acorde a sus intereses.

---

[25] *Ibid.*

MODELO DE NEGOCIOS CANVAS[26]

El modelo de Negocios CANVAS de Alex Osterwalder es muy reconocido y utilizado en proyectos de emprendimiento ya que el objetivo es captar en una sola diapositiva de una manera muy concisa los siguientes puntos que se muestran en la figura 3, ya que para los inversionistas de capital ángel captan rápidamente las ideas con un alto potencial de ser comercializables.

Si ya has realizado todos los ejercicios previos del libro para tu proyecto de emprendimiento, las siguientes preguntas deben de ser fáciles de contestar y así ya tener bien planteada tu idea previa a iniciar la planificación de tu proyecto.

Figura 6: Modelo de Negocios CANVAS

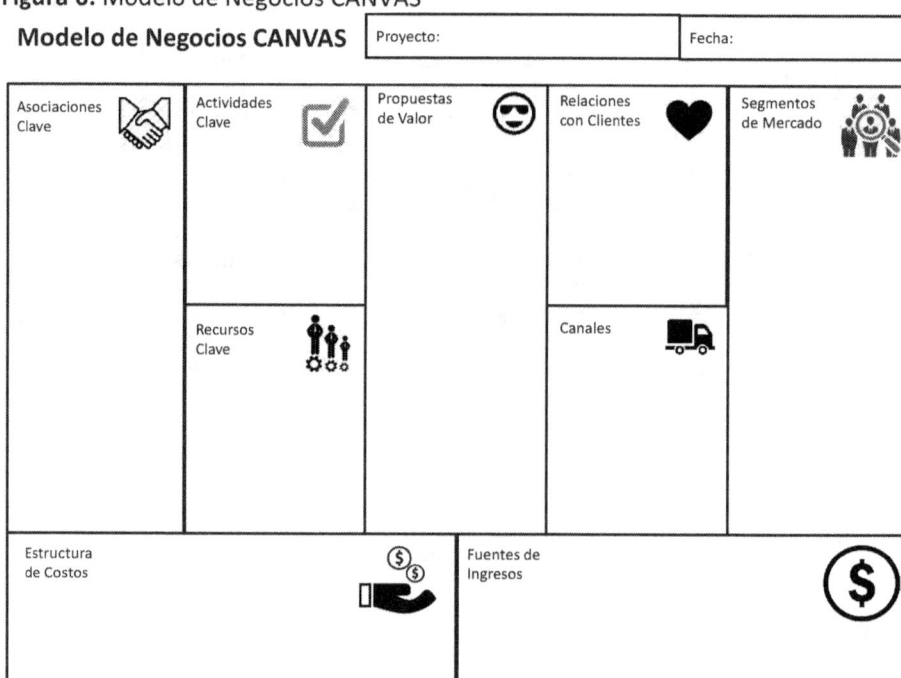

---

[26] Alex Osterwalder, *Strategyzer | Business Model Canvas*, 2015, desde http://businessmodelgeneration.com/canvas/bmc .

Propuesta de Valor
- ¿Qué valor entregamos al cliente?
- ¿Qué necesidades del cliente estamos satisfaciendo?
- i.e. Novedad, rendimiento, accesibilidad, diseño marca, estatus, precio, reducción de costos, reducción de riesgos, usabilidad.

Segmentos de Mercado o Clientes
- ¿Para quién estamos creando valor?
- ¿Quiénes son nuestros clientes más importantes?
- Mercados de masas, mercados de nicho, segmentos, diversificación.

Relaciones con Clientes
- ¿Qué tipo de relación espera que establezcamos y mantengamos con cada segmento de clientes?
- Asistencia personal, autoservicio, servicios automatizados, co-creación.

Canales de Distribución
- ¿A través de qué canales quieren ser contactados nuestros segmentos de clientes?
- ¿Cuáles son más eficientes en costos?

Actividades Clave
- ¿Qué actividades clave requiere nuestra propuesta de valor?
- ¿Nuestros canales de distribución?
- ¿Nuestras relaciones con los clientes?
- ¿Nuestras fuentes de ingresos?

Recursos Clave
- ¿Qué recursos clave requiere nuestra oferta de valor?
- Tipos de recursos, físicos, intelectuales, humanos, financieros.

Socios o Asociaciones Clave (Partners)
- ¿Quiénes son nuestros socios clave?
- ¿Quiénes son nuestros proveedores clave?
- ¿Qué recursos clave vamos adquirir de nuestros socios clave?
- ¿Qué actividades clave realizan nuestros socios clave?

Estructura de Costos

- ¿Cuáles son los costos más importantes inherentes a nuestro modelo de negocio?
- ¿Qué recursos clave son los más caros?
- ¿Qué actividades clave son los más caros?

Fuentes de Ingresos

- ¿Para qué valor están dispuestos a pagar los clientes?
- Tipos de precios (Pago por uso, licencias, publicidad), precios fijos, por segmento, por volumen de compra.

Preguntas Claves (9): ¿Tengo claro mi modelo de negocio CANVAS? ¿Pude acotar toda mi información en una diapositiva? ¿Puedo presentárselo a inversionistas en menos de 5 minutos?

ARQUETIPO DEL CLIENTE

El arquetipo de cliente se utiliza para segmentar adecuadamente el mercado meta a lo cual va enfocado nuestro producto o servicio.

Arquetipo según Audience Insights[27]

¿Qué es lo que piensa	Lo que realmente importa:
¿Qué es lo que oye?	Lo que los amigos, jefe e influenciadores
¿Qué es lo que ve?	Entorno, amigos y lo que ofrece el
¿Qué es lo que dice y	Actitud en público, apariencia y
Aversiones	Miedos, frustraciones, obstáculos
Apegos	Deseos/necesidades, medidas de éxito,

Tabla 8. Arquetipo según Carl Jung + Marcus Buckingham

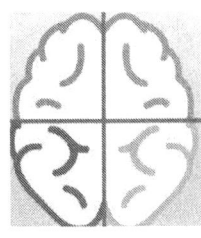

Apego	Aversión	Cuadrante
Autoridad y orden	Caos	Efectividad / Lógico-matemático
Vanguardia	Límites	Imaginaria / Innovación
Claridad	Incertidumbre	Eficiencia / Rutina
A la pertenencia y al respeto	A los que son diferentes y a la insignificancia	Comunitario / Empatía

A continuación un ejemplo de un arquetipo de un asesor financiero denominado líder en la ZMG:

---

[27] Sergio Emiliano Rodea García, "Marketing de Contenidos Una guía para la construcción," 2015, 5.

Figura 7. Ejemplo de arquetipo de asesor financiero en la ZMG.

El asesor líder

¿Qué es lo que piensa y siente?

Creación y trascendencia

¿Qué es lo que oye?

Viajes, Naturaleza, Vida Social, Moda, Farándula y Política

¿Qué es lo que ve?

Comida, Viajes, Deportes, Moda, Finanzas Personales

¿Qué es lo que dice y hace?

Éxito Profesional, Vida Social, Vida Familiar, Enfoque a Resultados.

Aversiones	Eficiencia	Apegos
Incertidumbre		Claridad

Otro tipo de formación de un arquetipo es enfocarse en su segmentación de cliente, principales problemas o necesidades que enfrenta, momentos en lo que presenta el problema o necesidad, estilo de vida y donde lo encuentras.

A continuación está el siguiente ejemplo enfocado en las personas de la tercera edad en la ZMG.

Tabla 8. Arquetipo de Cliente de la Tercera Edad en la ZMG[28]

	Principales problemas/necesidades que enfrenta	Estilo de vida
	• No tienen claro donde contratar actividades • No hay comunidades con intereses similares • Tienen actividades repetitivas • Tiene miedo a estafa y engaño Quiere socializar y no tiene los canales para hacerlo	**Valores:** le gusta la tecnología **Intereses:** es activo, busca actividades, le gusta rodearse de gente. Le gusta experimentar cosas nuevas **Motivaciones:** permanecer joven. Estar actualizado. Estar rodeado de personas. Tener motivaciones para seguir día con día **Metas:** Disfrutar la vida
Segmentación del Cliente **Rango de edad:** 60-69 **Género:** No relevante **Escolaridad:** No relevante **Rango de ingresos:** A+, A, B+ **Estado Civil:** Soltero, Viudo, Divorciado **Ocupación:** Sin ocupación / Jubilados **Religión:** Principalmente católicos	**Momentos en los que presenta el problema/necesidad** Día con día	**¿Dónde lo encuentro?** En actividades al aire libre En centros comerciales Tomando clases Viajando Su casa

[28] Jorge Romero Espinosa, *op. cit.*, 38.

Resumen del Arquetipo de Cliente de la Tercera Edad en la ZMG
El arquetipo de cliente son hombre y mujeres de 60 a 69 años de edad con estudios no relevantes, su NSE es A+, A o B+, el estado civil no es relevante, y su religión son principalmente católicos.

Nuestro arquetipo está preocupado por tener actividades, busca socializar, le gusta rodearse de gente, busca permanecer joven y tener motivaciones para en el día a día sentiré ocupado.

Capítulo 3: Analizando la viabilidad de mi proyecto

Una vez que determinamos cual es el Objetivo de mi Proyecto en base a identificar una Idea u Oportunidad de Negocio, es momento de hacer un Análisis de Industria, Análisis de Mercado y Análisis Financiero de mi Organización.

Es importante identificar en que ramo de negocio voy a ingresar para poder tener un marco de referencia para hacer un análisis de industria, y conocer las tendencias del mercado para analizar si es viable el poder ingresar en ese sector en este momento en el tiempo.

INTELIGENCIA DE MERCADOS[29]

Enfoque sistemático y objetivo para el desarrollo y suministro de información para el proceso de la toma de decisiones por parte de la gerencia.

Elementos:
   a. Sistemática
   b. Objetiva
   c. Información
   d. Toma de decisiones

La metodología de la investigación de mercado es igual en todo el mundo.

Estructuras de investigación de mercados en las empresas

- Empresas grandes, internacionales, cuentan con un departamento de I.M. "in house", dentro de la organización. Complementan con agencias de I.M. externas.
- Empresas grandes, con actividad intensa en nuevos productos y actividades mercadológicas. Cuentan con un presupuesto importante para la I.M., incluso como % sobre ventas. La mayoría asigna una cantidad variable y eventual.
- Algunas empresas medianas cuentan con una gerencia de I.M. La mayoría no.
- Empresas medianas y pequeñas acuden a agencias de I.M. externas.

---

[29] José Habvi Espinosa Reyna, "Investigación de Mercados," México, 2015.

Tabla 9. Comparación entre los diseños de investigación básicos

	Exploratorios	Descriptivos	Causales
Objetivos	Descubrimientos de ideas y discernimientos	Describir las características o funciones del mercado	Determinar las relaciones de causa y efecto
Características	Flexible, versátil. A menudo es la primera parte de la investigación	Marcado por la formulación previa de otras variables	Manipulación de una o más variables independientes
Preguntas que resuelve	¿Habrá mercado? ¿Porqué's?	¿Qué, cuánto, dónde, cómo?	¿Depende una variable de otra?
Métodos	Estudios especializados. Datos secundarios Técnicas cualitativas	Datos secundarios Técnicas cuantitativas Observación	Experimentos

Ejemplo de investigación exploratoria

- Están bajando mis ventas. No sé exactamente porqué están bajando. ¿Tendré que bajar el precio?
- Actualmente mi empresa vende en Guadalajara. "Considero" que tengo un buen producto, de calidad. ¿Podré exportar?

Ejemplo de investigación descriptiva

- ¿Qué participación de mercado tengo actualmente?
- ¿Cuál es mi posicionamiento e imagen en el mercado?
- ¿En qué proporción puedo aumentar mis precios?
- ¿Qué tanta gente está escuchando mi campaña de publicidad que tengo en la radio?
- ¿Qué cantidad de personas compraría mi producto en Morelia?

Ejemplo de investigación causal

- ¿Qué tanto dependen las ventas de mi producto del empaque del mismo?

- ¿De qué variables dependen mis ventas en mayor porcentaje, de la calidad de mi producto, de los vendedores, de la publicidad o del precio?

Proceso de Investigación de Mercados de Kinnear

1. Definición del problema o de la oportunidad. Establecer las necesidades de información.
2. Establecer los objetivos de la investigación e hipótesis de trabajo.
3. Diseño de la investigación y fuentes de datos.
4. Desarrollar el procedimiento de recolección de datos.
5. Diseñar la muestra.
6. Recopilar los datos.
7. Procesamiento de datos.
8. Análisis de datos.
9. Informe de los resultados de la investigación.

El Problema denominado "Gerencial"

- Responde a la pregunta
- ¿Qué quiere hacer la gerencia?
- ¿Quiero exportar?
- ¿Qué producto?
- ¿A qué país? O más específicamente, ¿A qué estado?
- ¿Quiere lanzar un nuevo producto al mercado?
  ¿Cambiar la imagen de la marca?
  ¿Realizar publicidad?
  ¿Aumentar o bajar los precios de sus productos?
- En resumen es una acción o táctica que el gerente desea realizar

Tabla 10. *El problema de Investigación*, responde a la pregunta, ¿Qué *información* necesita la gerencia?

Problema Gerencial	Problema de Investigación
¿Mi producto es exportable?	¿Qué características debe tener el producto? ¿Qué productos similares se compran en el mundo?
¿A qué país me conviene exportar?	¿Qué países del mundo compran este tipo de productos? ¿Qué países tienen las mejores condiciones o tratados con México que convengan a mi empresa?
¿Cómo es la distribución del producto?	¿Cómo se hace llegar el producto al consumidor? ¿Qué cadena de distribución es la que opera? ¿Cuáles son los márgenes de cada canal?

Figura 8. Usos de la investigación de mercados

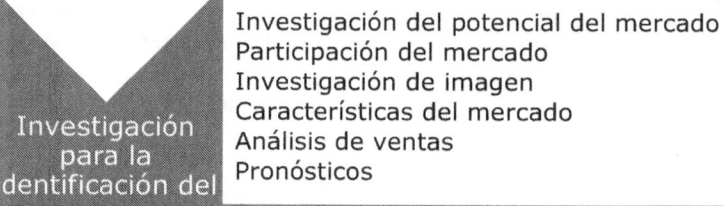

Investigación para la identificación del

- Investigación del potencial del mercado
- Participación del mercado
- Investigación de imagen
- Características del mercado
- Análisis de ventas
- Pronósticos

Investigación para la solución del problema

- Segmentación
- Investigación del producto
- Asignación de precios
- Promoción
- Distribución

ANÁLISIS DE INDUSTRIA – NAICS ID

El sistema de clasificación de la Industria de Norteamérica (NAICS por sus siglas en inglés) fue desarrollado como un estándar para uso de las Agencias Federales de Estadística para clasificar establecimientos de negocios para la recolección, análisis, y publicación de la información estadística relacionada a la economía del negocio. Fue también desarrollada en cooperación con las agencias estadísticas de Canadá y México para establecer un estándar en 3 países que permita un alto nivel de comparabilidad en estadísticas de negocios entre los tres países. [30]

Por ejemplo, siguiendo el ejemplo del libro quiero analizar la industria de la lectura en México para analizar si cuenta con una tendencia alcista, bajista o estable.

1. Ingreso a la página web del NAICS a hacer mi búsqueda http://www.naics.com/search/
2. En el campo de palabras claves escribo en inglés "Books"
3. Encuentro diversas opciones y elijo el NAICS ID 323117 Books Printing
4. Este será el marco de referencia para hacer mi análisis de industria en bases de datos especializadas como EBSCO, Euromonitor, etc.
5. Finalmente encuentro un reporte muy interesante en Euromonitor acerca de la Industria del Libro en México del 2007-2012.

En este reporte encuentro información valiosa como[31]:
1. En México la Industria de Publicar Libros vendió $28 mil 700 millones de pesos en el 2012 siendo que en el 2006 vendía $18 mil 800 millones de pesos. Esto nos dice que hubo una tasa de crecimiento anual compuesto (TCAC) de un 7% del año 2006-2012.
2. El 74% de las compras de libros fueron realizadas por hogares.

---

[30] *Frequently Asked Questions | NAICS Association*, n.d., NAICS Association, desde http://www.naics.com/frequently-asked-questions/ .

[31] Euromonitor International, *PUBLISHING OF BOOKS IN MEXICO: ISIC 2211*, Euromonitor International, may de 2013.

3. También nos menciona que existen tendencias de los lectores de comprar más libros electrónicos.
4. Los principales canales de distribución son las librerías y tiendas de conveniencia.

Y finalmente en base a la información presentada hago un análisis del crecimiento futuro de la industria.

Gráfica 1: Pronósticos de Ventas de Libros en México del 2013 al 2018.

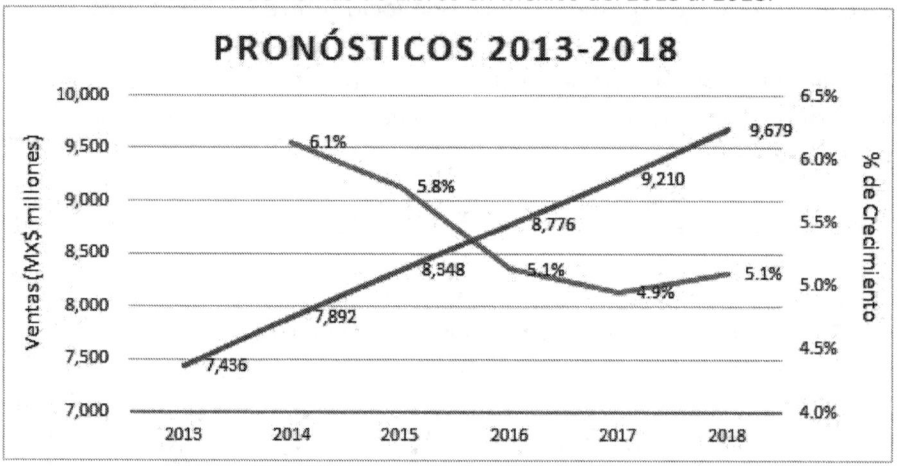

En base al análisis puedo concluir aunque tiene una tendencia alcista durante los próximos años, el % crecimiento se va a reducir ligeramente, por lo que todavía es una industria interesante para incursionar con mi libro.

ANÁLISIS DE COMPETIDORES

Las cinco fuerzas de Porter es una excelente herramienta de análisis para entender a la Industria que has elegido competir, ya que al momento de definir tu producto o servicio la eliges directamente, ya que nos ayuda a definir estrategias que nos hagan sobresalir en uno de los factores y poder obtener una parte del mercado.

1. La amenaza de entrada de nuevos competidores
2. Poder de negociación de los proveedores
3. Poder de negociación de los consumidores
4. Amenaza de ingreso de productos sustitutos
5. Rivalidad entre competidores

Una manera de utilizar esta herramienta es utilizar una gráfica de radar, ya que nos ayuda a analizar las cinco fuerzas de una manera gráfica y entendible para saber por dónde es la mejor manera de competir con mi producto o servicio.

Gráfica 2: Análisis de Fuerzas de Porter - Industria del Libro en México (2011)

Pregunta Clave (5): ¿Es atractiva la Industria donde elegí competir en base a la selección de mi producto o servicio?

DEFINIR MI ESTRATEGIA[32]

Sabías que según datos del Economista cerraron el 80% de las Pymes en México en el 2010 por falta de previsión, principalmente en el área administrativa y financiera. De estas el 43% de estos negocios cierra por problemas administrativos, 48% cierra por dificultades financiero-fiscales y 16% restante cierra por contratiempos en ventas y cobranzas.[33]

La única estrategia ganadora según Porter y que coincido es aquella que te diferencia de tu competencia como un atributo de valor que a nivel de segmentación del consumidor es percibida como el factor clave para la adquisición del producto o servicio, el decirlo es muy fácil, el entenderlo y el ejecutarlo es lo complicado, sin embargo esas empresas sobresalientes globales son las que inician con una tendencia.

Con esta afirmación como argumento, me gustaría aunar en las nueve estrategias ganadoras de Kotler, que son:

1. La más alta calidad,
2. El servicio superior
3. El precio más bajo
4. La más alta participación en el mercado
5. La adaptación y la personalización
6. El mejoramiento sostenido del producto
7. La innovación del producto
8. El acceso a los mercados de alto crecimiento
9. La superación de las expectativas del consumidor

Estas estrategias sin duda son importantes a mi percepción en un producto o servicio para poder tener éxito, sin embargo hoy en día se tiene que decidir en cuales sobresalir, y en que otras vas a cumplir con lo mínimo indispensable, ya que cada una conlleva un costo el cual se verá reflejado en el precio final del consumidor, y quizás no esté dispuesto a pagar.

---

[32] Rubén Rodríguez Beltrán, *Estrategia de Negocios y Finanzas*, Edikrea, México, 2014.

[33] *Cierran 80% de las Pymes en México por falta de previsión | El Economista*, n.d., desde http://eleconomista.com.mx/sistema-financiero/2011/10/25/cierran-80-las-pymes-mexico-falta-prevision .

Hoy en día se dice que un producto exitoso es aquel que define exitosamente en qué áreas no va a competir, ya que entiende perfecto su mercado y su producto y con los atributos que decidió invertirá y competirá ferozmente en su mercado, ya que entiende con detalle el comportamiento de su consumidor y cuales son aquellos parámetros que importan.

Con respecto a Tracy y Wiersema me gusto la cita de "No trate de ser el mejor en todo su empresa podría fracasar" estoy totalmente de acuerdo, ya que como menciono en citas anteriores cada atributo de valor que uno decide sobresalir tiene un costo asociado, el cual al no analizar los atributos que dan valor agregado de tu producto desde la perspectiva del cliente puedes llevar tu empresa a bancarrota.

Porque hoy en día se dice que un producto exitoso es aquel que define exitosamente en qué áreas no va a competir, ya que entiende perfecto su mercado y su producto y con los atributos que decidió invertirá y competirá ferozmente en su mercado, ya que entiende con detalle el comportamiento de su consumidor y cuales son aquellos parámetros que importan.

Las tres disciplinas de Tracy y Wiersema que son Excelencia operativa, Liderazgo en el Producto e Intimidad con el Cliente no creo que cubren todas las variables posibles para que una empresa sea exitosa, sin embargo es un buen marco de referencia para una empresa de nueva apertura, ya que te ayuda en que atributo orientar tus esfuerzos de valor agregado para empezar tu negocio.

Como conclusión, los productos o servicios deben de ser orientados adecuadamente al consumidor final, y en estos encontrar los atributos de valor los cuales influyen en su compra.

Pregunta Clave (6): ¿Tengo claro cuál será mi estrategia de diferenciación de mi producto o servicio?

DETERMINAR EL PRECIO DE MI PRODUCTO O SERVICIO

Una de las áreas de mayor importancia una vez que hemos elegido el producto o servicio y la industria en la cual vamos a competir es definir el precio del mismo, ya que si es muy alto puede que el segmento de mercado que elegimos no sea capaz de adquirirnos, si es muy bajo puede que nos perciban con una baja calidad si vamos a un segmento de mercado de nivel más alto.

En este punto Philip Kotler menciona que "el precio es el único elemento de la mezcla (mix) de marketing que produce ingresos; los demás generan costos."[34] Y no podría estar más de acuerdo ya que en base al precio vamos a obtener las ventas que impactan directamente el análisis de negocio y el retorno de inversión de nuestro proyecto.

Existen diferentes métodos para fijar un precio, regularmente en una empresa pequeña o familiar es el jefe o dueño de la empresa que se encarga de hacerlo, mientras en las grandes lo hacen los Gerentes de División, en México muy pocas empresas tienen un área de mercadotecnia que ayude a definir el mejor precio del mercado en base al producto o servicio a ofrecer.

Es importante reconocer que el entorno actual ha cambiado notablemente en lo que se denomina la era de la tecnología ya que el poder está del lado del comprador, porque ahora con nuestros teléfonos inteligentes somos capaces de comparar precios en una búsqueda rápidamente y obtener atributos con respecto al producto o servicio que deseamos adquirir casi de manera instantánea, y así determinar el precio que estás dispuesto a pagar.

Del lado del vendedor se puede vigilar el comportamiento del cliente a través de las redes sociales y perfiles digitales donde pueden personalizar las ofertas y ofrecer precios especiales a ciertos clientes en base a su necesidad.

---

[34] Philip Kotler and Kevin Keller, *Dirección de Marketing*, Pearson, 2012, 383.

Mi recomendación en la determinación de precios:

1. Como cualquiera de tus consumidores de tu producto o servicio hacer un análisis de precios buscando en los medios de información adecuados (i.e. internet, llamadas telefónicas, cotizaciones, etc.).
2. Realizar una tabla de comparación de precios con los diferentes precios de tu competencia y que atributos de valor ofrecen.
3. A la tabla de comparación agregar tu producto o servicio.
4. Determinar en base a tu análisis si el precio debe de ser más alto, igual o más bajo, esto lo debes de determinar en base a tu estrategia ganadora, regularmente tendemos a ofrecer un precio más bajo como estrategia de competencia.

Pregunta Clave (7): ¿Tengo definido el precio de mi producto o servicio?

Importante: Recuerda no hacerlo en base a los costos del producto o servicio, sino al segmento de mercado que va enfocado.

ANÁLISIS COSTO Y BENEFICIO

El siguiente paso es realizar un análisis de costo-beneficio para saber si es viable el desarrollar mi proyecto, este puede ser complementado después que hagas tu taller de planificación pues al obtener más actividades puedes encontrar otros recursos materiales, tecnológicos o humanos que te falto considerar, sin embargo es importante hacer un primer análisis para saber si es bueno seguir adelante, re-plantear tu producto o servicio o cancelar el proyecto.

Gestión de los Costos del Proyecto[35]

La Gestión de Costos del Proyecto incluye los procesos relacionados con planificar, estimar, presupuestar, financiar, obtener financiamiento, gestionar y controlar los costos de modo que se complete el proyecto dentro del presupuesto aprobado.

- **Planificar la Gestión de los Costos:** Es el proceso que establece las políticas, los procedimientos y la documentación necesarios para planificar, gestionar, ejecutar el gasto y controlar los costos del proyecto.
- **Estimar los Costos:** Es el proceso que consiste en desarrollar una aproximación de los recursos financieros necesarios para completar las actividades del proyecto.
- **Determinar el Presupuesto**: Es el proceso que consiste en sumar los costos estimados de las actividades individuales o de los paquetes de trabajo para establecer una línea base de costo autorizada.
- **Controlar los Costos**: Es el proceso de monitorear el estado del proyecto para actualizar los cotos del mismo y gestionar posibles cambios a la línea base de costos.

Este primer análisis de costos para hacer tu Caso de Negocio es para saber si es rentable tu proyecto, una vez que ya inicies con el proceso formal de planificación nuevas actividades pueden aparecer en tu proyecto que tienen un componente de costo que analizaremos más adelante y lo podrás agregar a tu análisis costo-beneficio.

---

[35] Ibid., 193.

A continuación unos ejemplos de beneficios tangibles e intangibles:

Ejemplos de Beneficios Tangibles

- Ventas
  - Nuevas ventas por Introducción de Producto
  - Crecimiento de ventas de un producto actual
  - No existe una erosión de ventas debido a un cumplimiento legal.
- Costos
  - Reducción de Costos por Mejoras en Calidad
  - Reducir Devoluciones por Problemas de Calidad o Satisfacción del Usuario
  - Reducir Material Defectuoso de los Proveedores
  - Reducción de Costos Logísticos
  - Reducción de Costos por Manufactura
  - Reducción de Tiempos Muertos en Manufactura
  - Optimizar el Proceso en Tiempos y Movimientos
  - Reducir Escapes de Calidad al Cliente Final
  - Reducir retoques o re procesos del producto.
  - Reducir perdidas de material por mal uso. (Scrap)

Ejemplos de Beneficios Intangibles

- Ventas
  - Incremento en Ventas por Satisfacción del Cliente
- Costos
  - Reducción de Costos por Manufactura
  - Incremento de Productividad por Motivación del Personal
  - Mejorar calidad del producto.
- Otros
  - Un nuevo método de trabajar.
  - Incremento de satisfacción del personal.
  - Estandarización entre las diferentes áreas, países o regiones.
  - Cumplir con los Requerimientos Legales del País o Región.
  - Mejorar eficiencia de los equipos

Tasa Interna de Retorno

La Tasa Interna de Retorno o TIR del Proyecto es importante para analizar la viabilidad de la inversión del proyecto, ya que esto conlleva el costo del capital con el cual el inversionista revisará si tu proyecto es viable. La TIR es lo mismo que cuando la suma de todos los flujos de efectivos de una serie a Valor Presente Neto (VPN) suma 0.

El conocer como la estrategia de finanzas se diferencia de la estrategia general del negocio, para poder hacer una estrategia adecuada para mi negocio que busco emprender a mediados de este año calendario, ya que sin un dado un mal manejo financiero puede hacer que no tenga éxito en mi empresa.

Existe una disyuntiva entre rentabilidad y capacidad de pago, y una excelente analogía que es que la capacidad de pago es respirar y rentabilidad es comer esta excelente para la toma de decisiones de una organización, ya que primero es mejor tener dinero para poder operar, aunque esto haga que sacrifiques el rendimiento o tu margen de utilidad, y muchas organizaciones no entienden esto.

Sobre todo en un emprendimiento tienes que estar atentos a tus compromisos de efectivo, ya que si no tienes para pagar la nómina de tus empleados, para pagar la luz, para pagar el teléfono vas a tener que dejar de operar y declararte en bancarrota, por lo que cada decisión debe de ser analizada adecuadamente, y no por vender a unos términos de pago inadecuados termines destruyendo la empresa que tanto trabajaste.

Ejemplo de un Análisis Costo-Beneficio

El siguiente es un ejemplo de análisis costo-beneficio y el retorno de inversión del mismo. Un par de amigos al salir de la Universidad tienen $100K pesos ahorrados de sus trabajos de medio tiempo cuando estudiaban, y ahora quieren poner un puesto de tortas ahogadas cerca de Plaza Galerías en Zapopan.

Estuvieron investigado en diferentes páginas en internet y a través de conocidos que tienen negocios de comida los precios de diferentes insumos críticos que ellos creen que necesitan para poder operar exitosamente su puesto de tortas ahogadas.

La información que consolidaron a continuación:

Tabla 11: Inversión Inicial

Concepto	Cantidad (MXN)
Mesas de Acero Inoxidable	$24K
Cazo de Carnitas (1)	$10K
Mesas y Sillas (10) y (100)	$10K
Acondicionamiento del Lugar	$50K
Mesa de Salsas (1)	$5K
Total	**$99K**

Tabla 12: Costos Fijos Mensuales

Concepto	Cantidad (MXN)
Renta:	$5K
Servicios (Gas, Agua & Luz)	$2K
Empleados (2)	$7K
Total	**$14K**

Una vez que terminaron de analizar a muy alto nivel su inversión inicial y sus costos fijos mensuales iniciales para su apertura procedieron a hacer un análisis de ventas.

Tabla 13: Análisis de Costos y Ventas.

Concepto	Cantidad (MXN)
C.V. de Torta Ahogada	$10.00
P.V de Torta Ahogada	$30.00
Margen Bruto	$20.00
% de Margen Bruto	66%
Costos Fijos por Mes	$14,000
Punto de Equilibrio en Tortas Ahogadas por Mes (P.E.)	700
Punto de Equilibrio en Tortas Ahogadas por Día (P.E.)	29.16~29

Para poder llegar al Punto de Equilibrio (P.E.) es necesario vender 30 tortas ahogadas por día. El P.E es el momento donde tus ingresos totales se igualan a tus costos asociados con la venta de tu producto o servicio, otra manera de decirlo es obtener los recursos necesarios para no tener que invertir más dinero para poder operar.

El siguiente paso para poder concluir tu análisis costo-beneficio es llevarlo a un análisis de sensibilidad optimista y pesimista, que no es otra cosa que contrastar tu proyecto en las buenas y en las malas épocas que suceden en general en el mundo de los negocios, y que tan noble será tu proyecto para solventarse en estos dos puntos de inflexión.

Tabla 14: Análisis de Sensibilidad - Optimista

Concepto	Cantidad
Tortas Ahogadas por Mes	1200
Tortas Ahogadas por Día	50
Ventas por Mes	$36,000
Costo de Venta por Mes	$12,000
Costos Fijos por Mes	$14,000
Utilidad antes de Impuestos por Mes	$10,000
Impuestos (30%)	$3,000
Utilidad después de Impuestos por Mes	$7,000
% de Margen de Utilidad Neta	19%

Tabla 15: Análisis de Sensibilidad - Pesimista

Concepto	Cantidad
Tortas Ahogadas por Mes	480
Tortas Ahogadas por Día	20
Ventas por Mes	$ 14,400.00
Costo de Venta por Mes	$ 4,800.00
Costos Fijos por Mes	$ 14,000.00
Utilidad antes de Impuestos por Mes	$ (4,400.00)
Impuestos (30%)	$ -
Utilidad después de Impuestos por Mes	$ (4,400.00)
% de Margen de Utilidad Neta	-31%

Tabla 16. Retorno de Inversión con información de Análisis Optimista

Concepto	Cantidad
Inversión Inicial	$ (99,000.00)
Valor Presente Neto (NPV)	$27,540.10
Rendimiento	5.00%
Corrida de utilidad o perdida	$ 237,000.00
Meses	48
Utilidad o Pérdida Promedio por Mes	$ 4,937.50
TIR (%)	6.77%

Como conclusión la TIR o la rentabilidad de este negocio en un escenario optimista es únicamente del 6.7%, por lo que como inversionista en base a este escenario de ventas no arriesgaría mi dinero ya que podría obtener mejores beneficios en portafolios de inversión en cualquier casa de bolsa o inclusive fondos de inversión de seguros de vida.

Si cuando haces tú análisis financiero te das cuenta que tu proyecto no es viable como lo has planteado no te preocupes, que mejor que fracasaste en una hoja de cálculo y no en la vida real, re-plantea tu proyecto ya sea para ofrecer otro producto o servicio y/o ajustando las variables, recuerda que la información entre mejor sustentada, más realista será tu análisis y por ende la predictibilidad del éxito o fracaso de tu proyecto.

Pregunta Clave (8): ¿La TIR de mi proyecto es atractiva para mis socios y/o inversionistas?

Capítulo 4: Planificando mi proyecto

Una vez que ya definimos nuestro Objetivo Tipo SMART, desarrollamos nuestro análisis costo-beneficio e inclusive si pusimos ya toda la información de en un modelo de negocio CANVAS de nuestro proyecto es fácil iniciar la planificación, ya que la parte más difícil de definir qué es lo que incluye y lo que no incluye de nuestro proyecto está implícito en los mismos.

Mi recomendación es hacer un taller de planificación con los miembros de tu equipo de trabajo para enumerar todas las actividades que a su entendimiento son necesarias completar para terminar tu proyecto en tiempo y forma, y logrando el alcance propuesto para lograr tú Objetivo.

ETAPA 1: TALLER DE ACTIVIDADES

Consiste en identificar y documentar las actividades específicas que deben ejecutarse para lograr los entregables y sub-entregables del EDT/WBS (subdividir los paquetes de trabajo).

Historias de Usuario

En preparación para tu Taller de Actividades yo te recomiendo utilizar una herramienta de la Metodología Ágil de Proyectos que típicamente se utiliza en el desarrollo de Software para realizar mejoras sin una documentación extensa, lo cual ha beneficiado notablemente en el tiempo de entregar resultados a la Industria de una manera notable, y es lo más en boga actualmente en la industria, incluso existe una certificación PMP-ACP® por parte del PMI®.

En este caso la herramienta que yo recomiendo, que en mi punto de vista es la base para la metodología son el desarrollo de las historias de usuarios con un método de priorización tipo MoSCoW por sus siglas en inglés, ya que estas nos sirven para obtener requerimientos de diversos Interesados dentro de nuestro proyecto y así poder obtener requerimientos más realistas.

MoSCoW es un **método de asignar prioridades** en base al siguiente esquema de clasificación en base a su acrónimo por sus siglas en inglés

Priorización para Encontrar el Valor de Negocio – Tipo MoSCoW

• **M**ust Have / **Debe** Tener
Estas historias o requerimientos deben de ser desarrollados o es un entregable crítico para poder cubrir el problema del negocio.

• **S**hould Have / **Debería** Tener
Estas historias o requerimientos son críticas para el éxito del entregable. Son tan importantes como él debe tener pero pueden ser no críticas en el tiempo, o pueden tener maneras alternas de trabajar que pueden utilizar.

• **C**ould Have / **Podría** Tener
Estas historias o requerimientos son menos críticas.

• **W**ould Have / **Puede** Tener
Estas historias o requerimientos es posible que no sean parte del proyecto actual, pero pueden ser requerimientos eventualmente.
Por ejemplo siguiendo con el desarrollo del libro de administración de proyectos para emprendedores y llevándolo a esta metodología sería el siguiente:

Tabla 17: Historias de Usuario

Como un ...	Necesito ...	Para que	Priorización MoSCoW
Escritor del Libro	Documentar todas las referencias bibliográficas de mi libro.	No recibir demandas por derechos de autor.	M
Lector	Poderlo adquirir fácilmente de manera electrónica	Sea rápidamente comercializable a mis alumnos del semestre de otoño 2015 en el ITESO.	M
Casa Editorial	Revisar el libro previamente	Puedan darme recomendaciones con respecto a la edición.	S
Lector	Poderlo adquirir de manera impresa	Pueda ser utilizado para hacer anotaciones	S
Escritor de Libro	Portada por un diseñador de renombre	Incremente mis ventas	C
Escritor de Libro	Agregar nuevos temas en base a las recomendaciones de mis alumnos en el ITESO	Mejorar el producto final y sea más útil para otros semestres	W

Pregunta Clave (10): ¿Obtuve información para mis historias de usuario desde el punto de vista de diferentes interesados y/o miembros del equipo?

Pasos para tu Taller de Actividades

1. Agendar una reunión con tu equipo de trabajo de mínimo 2 horas y como trabajo previo al taller favor de pedir las Historias de Usuario a los miembros de tu equipo.
2. Traer cartulinas o rota folios, post-its y plumones de colores.
3. Escribir tu objetivo tipo SMART que define el alcance de tu proyecto en la parte superior de tu cartulina o post-its.
4. Escribir en los post-its todas las actividades que provengan de las Historias de Usuario, más las nuevas actividades que se obtengan durante la lluvia de ideas que necesitan para alcanzar el objetivo de tu proyecto.
5. Iniciar a pegarlas sobre la cartulina o rota folios, si hubiera repetidas poner encima de una actividad la otra.
6. Una vez terminando de identificar todas las actividades del proyecto es necesario identificar los tipos de recursos que son necesarios (tanto humanos como materiales) y en qué cantidad se requerirán para cada actividad del proyecto.
7. Después identificar la cantidad de esfuerzo y el número de días o periodos laborales requeridos para el término de cada actividad.

Figura 9: Actividad en Post-It

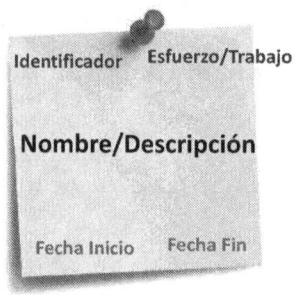

Es importante contar con un equipo de trabajo multidisciplinario ya que regularmente los proyectos son complejos y es necesario obtener información de diversas personas con áreas de conocimiento diversas para enriquecer conocimientos y por ende las actividades necesarias para lograr tu proyecto.

Pregunta Clave (11): ¿Si cuentas con un equipo multidisciplinario en las áreas que necesita para tu proyecto de emprendimiento?

ETAPA 2: CONSTRUIR UN EDT

1. Una vez tengo las actividades de mi proyecto es necesario agruparlo por entregables afines que representen el trabajo especificado y aprobado en el enunciado del alcance del proyecto. Los entregables son componentes completados para alcanzar los objetivos del proyecto y pueden incluir elemento del plan para la dirección del proyecto."[36]

2. Diagrama jerárquico que muestra la descomposición del trabajo a ejecutar por el equipo del proyecto.

3. Las tareas deben estar orientadas a cumplir con los objetivos.

4. Organiza el alcance completo del proyecto y subdivide las tareas en otras más pequeñas aumentando el nivel de detalle mientras más niveles tengas.

5. Los trabajos contenidos en los niveles más bajos son llamados paquetes de trabajo y son aquellos que pueden ser calendarizados, estimados en costo, monitoreados y controlados.

Pregunta Clave (12): ¿Si pude definir correctamente mis entregables para mi proyecto en mi EDT?

---

[36] Ibid,*Ibid.*, 84.

Figura 10. EDT de la Escritura de un Libro de Administración de Proyectos para Emprendedores.

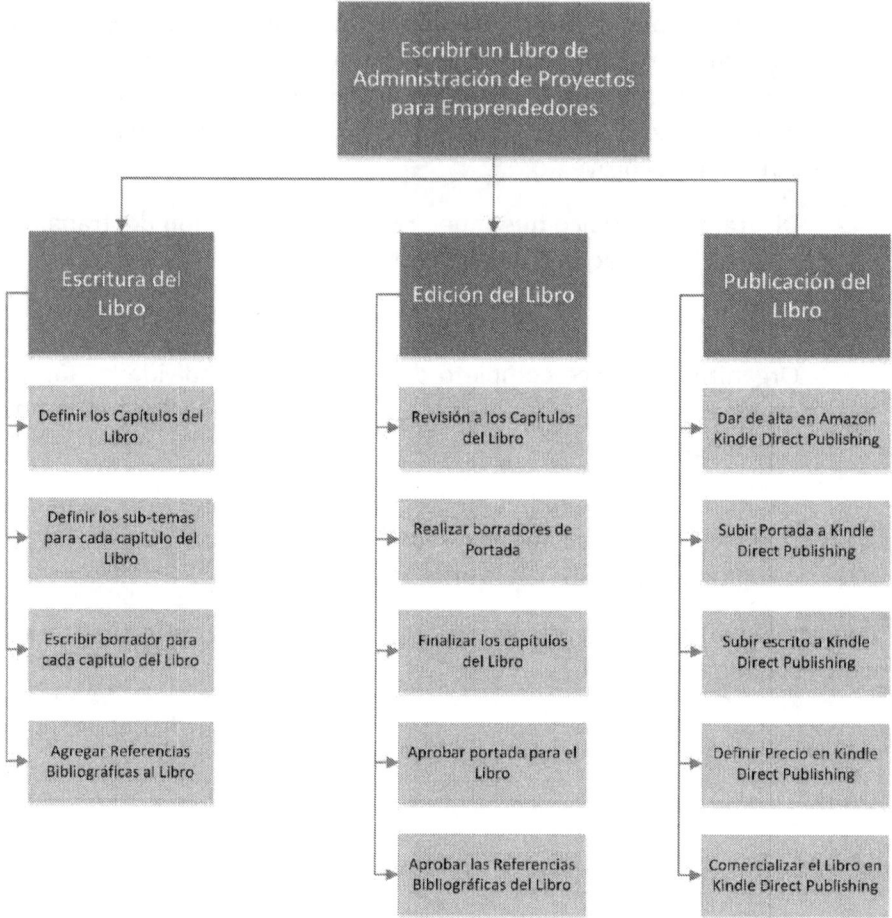

ETAPA 3: CONSTRUIR UN DIAGRAMA DE RED

1. Identificar Actividades Independientes: Se puede iniciarse sin necesidad de que otra de las actividades definidas se tenga que completar antes. Al iniciar el proyecto se puede realizar.

2. Identificar Actividades Dependientes: Tienen dependencia de otra actividad para poderse realizar.

3. Identificar Dependencias por medio de Flechas: A través de flechas unir las actividades para entender su dependencia.

4. Secuenciar Actividades: Es el proceso de identificar y documentar las relaciones interdependientes de todas las actividades del proyecto.

   - En este diagrama no importa la duración de las tareas o el responsable de la actividad, sino importa ordenar en la secuencia adecuada para poder identificar la ruta crítica de tu proyecto.

5. Tipos de dependencias entre actividades:

   - Final a Inicio / Finish to Start (FS)

   - Final a Final / Finish to Finish (FF)

   - Inicio a Inicio / Start to Start (SS)

   - Inicio a Final / Start to Finish (SF)

Figura 11. Diagrama de Red de la Escritura de un Libro de Administración de Proyectos para Emprendedores.

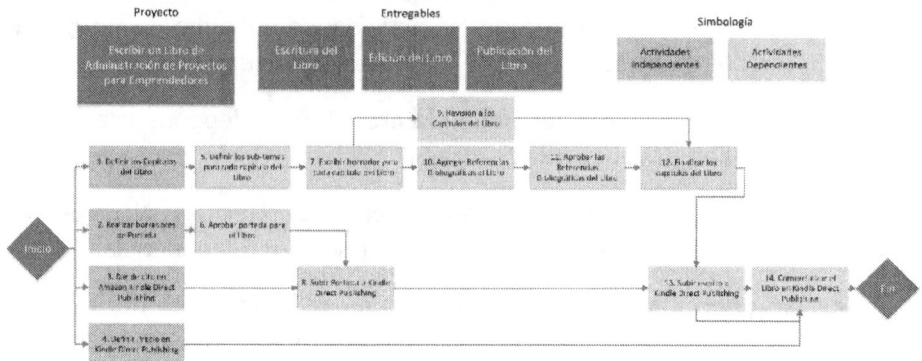

Pregunta Clave (13): ¿Si identifique adecuadamente las actividades dependientes de mi proyecto?

ETAPA 4: DEFINIR DURACIÓN Y ESFUERZO DE LAS ACTIVIDADES

Duración vs Esfuerzo

La duración de las actividades es el tiempo que se tomará en realizar la actividad tomando en cuenta todos los imponderables del día a día, como es el poder agendar una junta con personal específico que te brinde dirección. Y esfuerzo es el tiempo real dedicado a hacer la actividad, esto regularmente se utiliza para cotizar en horas de consultoría, ya que es necesario cobrar tiempo efectivo al cliente final.

Calcular la Duración y Esfuerzo de las Actividades a través de:
1. Juicio de Expertos: Es el más utilizado en la administración de proyectos, ya que toma como referencia la experiencia previa en proyectos similares.
2. Estimación Análoga / Top-Down: Basada en la duración real de una actividad similar en un proyecto anterior.
3. Estimación Paramétrica: Es la manera cuantitativa de determinar la duración, multiplicando la cantidad de trabajo por el índice de productividad y se divide entre recursos por los periodos laborales.
4. Estimación de Tres Puntos: Estimaciones Optimista (a), Más Probable (m) y Pesimista (b).
   - PERT = [a + 4m + b] / 6
   - Desviación Estándar (s) = [b – a] / 6
   - 1S = 68%, 2S = 95% y 3S =99.74%.

Tabla 18: Actividades en Esfuerzo y Duración para la Escritura de un Libro.

Actividad	Esfuerzo (Horas)	Duración (Días)
Definir los Capítulos del Libro	80 horas	20 días
Realizar borradores de Portada	4 horas	6 días
Dar de alta en Amazon Kindle Direct Publishing	4 horas	3 días
Definir Precio en Kindle Direct Publishing	10 horas	6 días
Definir los sub-temas para cada capítulo del Libro	100 horas	20 días
Aprobar portada para el Libro	4 horas	0 días

ETAPA 5: CONSTRUIR UN DIAGRAMA DE GANTT

1. Una vez terminado tu diagrama de red tendrás que llevar a un programa de administración de proyecto como Ms Project®, Open Project®, etc.
2. Captura todas las actividades con su identificador, duración y recursos necesarios.
3. El identificador te servirá para poder ligar correctamente la actividad en tu programa de Administración de Proyectos.
4. Revisar la ruta crítica de tu proyecto, en el capítulo 8 puedes obtener más detalle de lo que representa y la importancia para mantener tu proyecto en línea.

Figura 12. Diagrama de Gantt de la Escritura de un Libro de Administración de Proyectos para Emprendedores.

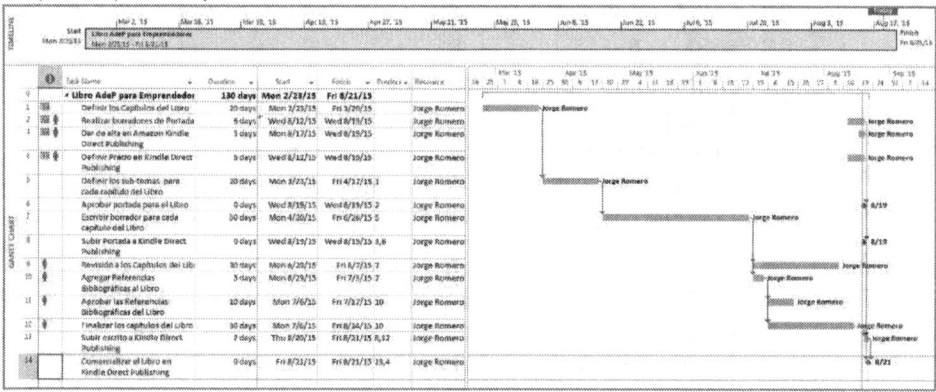

Preguntas Claves (14): ¿Si capture adecuadamente todas las actividades dependientes e independientes en mí Diagrama de Gantt? ¿Estime las duraciones y esfuerzos adecuadamente de mi proyecto?

Capítulo 5: Entendiendo a los Interesados o Stakeholders

Un sistema social, o proyectos se deben de manejar los intereses de los Interesados, donde cada grupo que la integra, pudiendo ser clientes, proveedores, empleados, accionistas y sociedad tienen intereses en conflicto que deben de ser mediados para poder cumplir el objetivo, a través un manejo adecuado de sus expectativas.

LA GESTIÓN DE LOS INTERESADOS O STAKEHOLDERS EN UN PROYECTO[37]

- La **Gestión de los Interesados o Stakeholders** del proyecto incluye los procesos requeridos <u>para identificar a las personas, grupo, u organizaciones </u>que pueden afectar o ser afectados por el proyecto.

- **Analizar las expectativas** de los Interesados y su impacto en el proyecto.

- **Desarrollar estrategias de gestión** adecuadas para efectivamente involucrar a los Stakeholders en <u>las decisiones del proyecto y su ejecución.</u>

- Se enfoca en la **comunicación continua** con los Stakeholders para comprender <u>sus necesidades y expectativas, </u>resolviendo los problemas como estos ocurren, <u>gestionando conflictos de intereses</u> y fomentando una adecuada participación de los interesados en las decisiones y actividades del proyecto.

- La **satisfacción de los interesado**s debe gestionarse como uno de los objetivos claves del proyecto.

---

[37] *Ibid.*, 391.

A continuación deberás de seguir los siguientes pasos para identificar a los interesados o Stakeholders para tu proyecto de emprendimiento[38]:

1. Identificar los Interesados o Stakeholders potenciales del proyecto y toda la información relevante. Como por ejemplo si tu inversionista es un financiero, te tendrás que preparar en presentar análisis muy puntuales de Presupuesto, Ventas, ROI, etc.
2. Analizar el impacto potencial o soporte que cada Interesado o Stakeholders puede generar, y clasificarlos para definir una estrategia de aproximación. Existen Interesados negativos como pueden ser vecinos en un proyecto de emprendimiento que si no involucras a tiempo podrían afectar tu apertura de tu negocio.
3. Evaluar el modo en que los interesados clave pueden reaccionar o responder en diferentes situaciones, a fin de planificar cómo influir en ellos para mejorar su apoyo y mitigar los impactos negativos potenciales. Es posible prever las reacciones de las personas si nos damos el tiempo de entender cuáles son sus motivaciones e intereses en el proyecto.

Mi recomendación es hacer un Registro de Interesados o Stakeholders de tu proyecto, esta información se deberá estar consultando y actualizando de manera habitual, ya que los interesados van cambiando al largo del ciclo de vida de tu proyecto.

---

[38] *Ibid.*, 396.

Figura 13: Ejemplos de Interesados o Stakeholders en una Emprendimiento

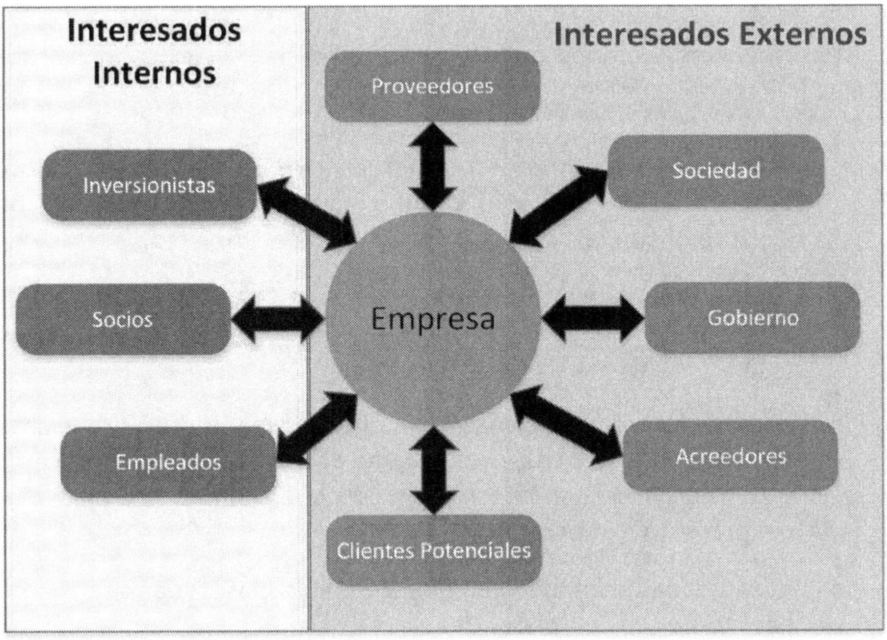

MATRIZ DE INTERESADOS DE UN PROYECTO

Existen múltiples métodos para hacer un análisis y clasificación de los Stakeholders, como:[39]

- **Matriz de Poder/ Interés**, que agrupa a los interesados basándose en su nivel de autoridad ("Poder") y su nivel de preocupación ("Interés") con respecto a los resultados del proyecto;

- **Matriz de Poder/Influencia**, que agrupa a los interesados basándose en su nivel de autoridad ("Poder") y su participación activa ("Influencia") en el proyecto ;

- **Matriz de Influencia/Impacto**, que agrupa a los interesados basándose en su participación activa ("Influencia") en el proyecto y su capacidad de efectuar cambios a la planificación o ejecución del proyecto ("impacto"); y

- **Modelo de prominencia**, que describe clases de interesados basándose en su poder (capacidad de imponer su voluntad), urgencia (necesidad de atención inmediata"), y legitimidad (su participación es adecuada)

Tabla 19: Ejemplo de Registro de Interesados o Stakeholders para un proyecto de Emprendimiento

Nombre del Interesado o Stakeholder	Puesto del Interesado Stakeholder	Cuadrante de Interés	Cuadrante de Poder
(1) Juan Perez	Inversionista del Proyecto	Alto	Alto
(2) Pedro Páramo	Líder del Proyecto y Socio Fundador	Alto	Medio
(3) Líder de los Vecinos	Vecinos	Alto	Medio
(4) Clientes Potenciales	Cliente	Alto	Bajo

Figura 14: Matriz de Poder / Interés

---

[39] *Ibid.*, 393.

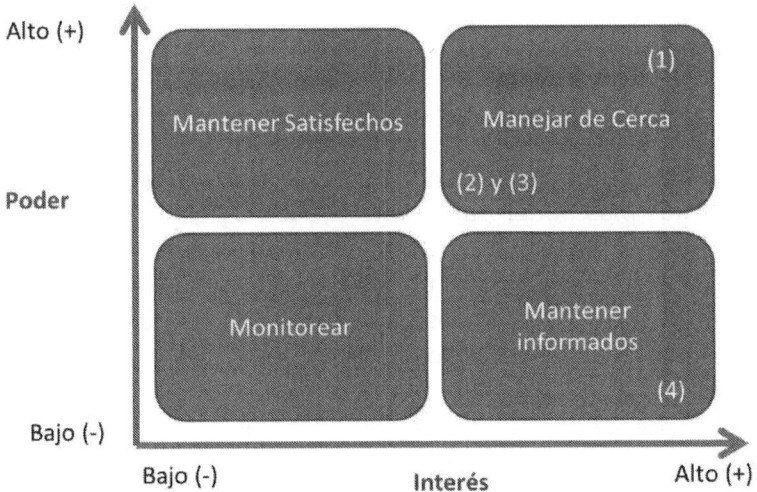

Pregunta Clave (15): ¿Ya identifique a todos los Interesados o Stakeholders Internos y Externos de mi proyecto y entendí cuáles son sus expectativas y lo tengo bien documentado?

Capítulo 6: Análisis de Riesgos

El análisis de riesgos de un proyecto en mi experiencia profesional es de las herramientas más poderosas que te ayudan a terminar un proyecto cumpliendo su alcance, costo y tiempo. Esta actividad deberás de estarla realizando constantemente con tu equipo de trabajo e involucrarlos constantemente, ya que el análisis cualitativo es crítico para después cuantificarlo y entender su impacto.

"La Gestión de los Riesgos del Proyecto incluye los procesos para llevar a cabo la planificación de la gestión de riesgos, así como la identificación, análisis, planificación de respuesta y control de los riesgos de un proyecto. Los objetivos de la gestión de los riesgos del proyecto consisten en aumentar la probabilidad y el impacto de los eventos positivos, y disminuir la probabilidad e impacto de los eventos negativos en el proyecto."[40]

El registro de riesgos es un proceso también continuo durante todo el ciclo de vida de tu proyecto que deberás estar actualizando constantemente como líder de proyecto. En el registro de riesgos lo más importante es escribir adecuadamente el riesgo identificado para que sea entendible por cualquier miembro del equipo, cual es el impacto en los objetivos del proyecto, cual es la probabilidad de ocurrencia, quien será el responsable de mitigar o darle seguimiento al riesgo y cuál es su estatus actual.

Existen diferentes técnicas para la obtención de Información de riesgos, entre ellas Lluvia de Ideas, Técnica Delphi, Entrevistas, Análisis de causa raíz o FODA (Fuerzas, Oportunidades, Debilidades y Amenazas). Como mencione previamente la lluvia de ideas con tu equipo de trabajo es de las herramientas más poderosas para obtener los riesgos adecuados para tu proyecto.

---

[40] *Ibid.*, 309.

RIESGOS CUALITATIVOS

El Registro de riesgos cualitativos se desarrolla con tu equipo de trabajo y es un documento en constante actualización, ya que los riesgos constantemente están cambiando ya sea por condiciones externas de proyecto o por planes de mitigación desarrollados por tu equipo de trabajo. Sin duda que escuchar a tu equipo es la fuente más valiosa de obtención de información para desarrollar tu registro de riesgos del proyecto.

RIESGOS CUANTITATIVOS

Los riesgos cuantitativos es cuando utilizamos factores de probabilidad contra un impacto en costo para poder obtener el valor esperado monetario de una decisión, esto también se le conoce como el teorema de Bayes o *Valor Esperado Monetario (EMV por sus siglas en inglés)*.

Tabla 20: Ejemplo de Registro de Riesgos de una implementación de un proyecto de Tecnologías de Información.

No.	Nombre del Riego	Responsable del Riesgo	Fecha de Apertura	Probabilidad de Ocurrencia	Impacto	Estatus (Abierto, Cerrado, En Proceso)
1	Proveedor descontinúa el soporte al Sistema Operativo DOS antes de finalizar la implementación	Juan Perez	15 de Agosto	30%	Alto	Abierto
2	Desarrollo de Software para el Sistema Operativo Windows toma más tiempo de lo planeado.	Jorge Ramírez	14 de Agosto	30%	Medio	Abierto

Tabla 21: EDT con relación al EMV.[41]

EDT - Paquete de Trabajo	Valor de Probabilidad	Impacto en Costo	Valor Esperado Monetario (EMV)
X	20%	$10,000	$2,000
Y	50%	$30,000	$15,000
Z	75%	$50,000	$37,500

Un ejemplo de la aplicación del teorema de Thomas Bayes es el siguiente donde una compañía está considerando si vale la pena comprar nuevo equipo o seguir utilizando el equipo original. El equipo ha determinado cual es el impacto si el equipo trabajo o se descompone; esto produce un valor esperado monetario (EMV) de esta decisión.

Figura 15: Árbol de Decisión para Compra de Equipo.[42]

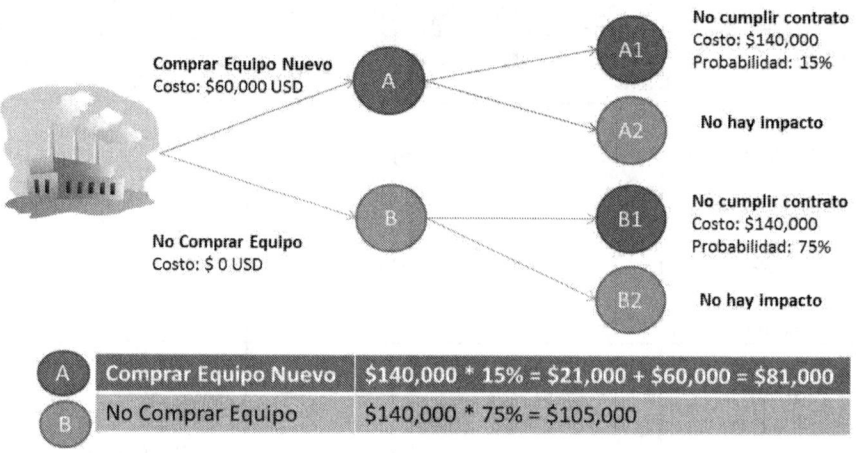

[41] Sebastian Nokes and Sean Kelly, *The definitive guide to project management*, Prentice Hall, Great Britain, 2007, 284.

[42] *Ibid.*, 285.

En conclusión la decisión óptima en base a las condiciones presentadas por el problema y obteniendo su EVM la opción de no comprar equipo es más cara debido al riesgo de no cumplir el contrato con nuestro cliente final, por lo que se debería decidir el comprar equipo nuevo para mitigar el impacto económico lo más posible, aunque a veces en la vida real no hacen caso a esta recomendación.

RESUMEN DE RIESGOS[43]

La administración de riesgos del proyecto se enfoca en **incrementar la probabilidad** y el impacto de los eventos positivos; Y **reducir la probabilidad** y el impacto de los eventos adversos a los objetivos del proyecto. O más concisamente, se enfoca en prevenir sorpresas desagradables o por lo menos asegurar que no se descarrilla el proyecto.

1. Planear en cómo administrar los riesgos
2. Identificar los riesgos
3. Entenderlos a detalle (primero a través de un análisis cualitativo y luego cuantitativo).
4. Planear respuestas para esos riesgos que requieren respuesta por adelantado.

Hasta este momento todos son procesos de planificación. La actividad de hacer en administración de riesgos es control y monitoreo, sino toda la planificación no sirve de nada. La verdadera parte del trabajo es hacer algo, que pasa únicamente en el monitoreo y control.

Preguntas Claves (16): ¿Me siento satisfecho con los riesgos identificados por parte de mi equipo de trabajo e interesados de mi proyecto? ¿Tengo un plan de mitigación para aquellos riesgos identificados con un mayor impacto?

---

[43] *Ibid.*, 290–291.

Capítulo 7: Planeación de Compras o Adquisiciones

La administración de compras o adquisiciones son todas las actividades que son necesarias realizar con un equipo externo fuera de tu organización. La definición del PMI® es "Gestión de las Adquisiciones del Proyecto incluye los procesos necesarios para comprar o adquirir los productos, servicios, o resultados que es preciso obtener fuera del equipo del proyecto".[44]

Como líder de proyectos tu trabajo principal es que las especificaciones de las compras a realizar para tu proyecto sean bien documentadas y sean fáciles de que el encargado de compras de tu organización o de tu proyecto pueda ejecutarlas.

Una vez definidas las especificaciones de los productos o servicios a cotizar por parte de los proveedores te será más fácil definir qué tipo de contrato vas a establecer que garantice que tu proyecto se termina cumpliendo el alcance, en tiempo, bajo el presupuesto y con la calidad que ha sido definido.

---

[44] *Ibid.*, 355.

TIPOS DE CONTRATOS[45]

- **Contratos de Precio-Fijo.** Esta categoría de contratos implica establecer un precio total fijo para un producto, servicio, o resultado definido que se va a suministrar.

  - **Contratos de Precio Fijo Firme (FFP).** El contrato más comúnmente usado. Es el preferido por la mayoría de las organizaciones compradoras dado que el precio de los bienes se fija al comienzo, y no está sujeto a cambios, salvo que se modifique el alcance del trabajo.

  - **Contratos de Precio Fijo más Honorarios con Incentivos (FPIF).** Este acuerdo de precio fijo confiere cierta flexibilidad al comprador y al vendedor, ya que permite desviaciones en el desempeño, con incentivos financieros ligados al cumplimiento de las métricas acordadas.

  - **Contratos de Precio Fijo con un Ajuste Económico del Precio (FP-EPA).** Este tipo de contrato se utiliza cuando el periodo de desempeño del vendedor abarca un periodo considerable de años, tal como se desea en muchas relaciones a largo plazo.

- **Contratos con costo reembolsable.** Esta categoría de contratos implica efectuar pagos (reembolsos de costos) al vendedor por todos los costos legítimos y reales en que pudiera incurrir para completar el trabajo, más los honorarios que representan la ganancia del vendedor.

  - **Contratos con Costo Más Honorarios Fijos (CPFF).** Al vendedor se le reembolsan todos los costos permitidos para realizar el trabajo del contrato, a la vez que recibe el pago de sus honorarios fijos calculados como un porcentaje de los costos del proyecto estimados al inicio.

  - **Contratos Con Costo Más Honorarios con Incentivos (CPIF).** El vendedor se le reembolsan todos los costos autorizados para realizar el trabajo del contrato, y recibe honorarios con incentivos predeterminados, basados en el logro de los objetivos específicos de desempeño establecidos en el contrato.

---

[45] *Ibid.*, 362–364.

- **Contratos con Costo Más Honorarios por Cumplimiento de Objetivos (CPAF).** Al vendedor se le reembolsan todos los costos legítimos, pero la mayor parte de los honorarios es obtenida basándose sólo en la satisfacción de cierto criterio subjetivo general de desempeño definido e incorporado en el contrato.

- **Contratos por Tiempo y Materiales (T&M).** Son un tipo híbrido de acuerdo contractual que recoge aspectos tanto de los contratos de costos reembolsables como de los contratos de precio fijo. A menudo se utilizan para el aumento de personal, la adquisición de expertos y cualquier tipo de apoyo externo cuando no es posible establecer con rapidez un enunciado preciso de trabajo.

En mi experiencia los pasos a alto nivel para llevar a cabo con éxito las adquisiciones de tu proyecto son:

1. Definir las compras para mi proyecto.
2. Definir un presupuesto para compra en mi proyecto.
3. Licitar las compras con por lo menos 3 proveedores.
4. Elegir quien cumpla con las mejores especificaciones de calidad, precio y servicio.
5. Realizar un tipo de contrato con el proveedor en base a las especificaciones de calidad, precio y servicio.
6. Ejecutar las órdenes compras con el proveedor.
7. Revisar que el material cumpla con las especificaciones una vez es recibido.
8. Integrar las compras a las actividades de tu proyecto.
9. Realizar los últimos pagos a tus proveedores.
10. Cerrar los contratos con los proveedores.

CÓDIGO DE ÉTICA Y CONDUCTA PROFESIONAL DEL PMI®

Es importante recalcar que en el área de compras existen muchas prácticas anti-éticas por parte de los proveedores y compradores con tal de adquirir sus productos o servicios, como pueden ser invitaciones a comer, regalos, influenciar a través de un familiar, sobornos, etc.

Es por eso que existe el *Código de Ética y Conducta Profesional del Project Management Institute®* sirve de guía para los profesionales de la dirección de proyectos y describe las expectativas que deberían tener respecto a sí mismos y a los demás.

El *Código de Ética y Conducta Profesional del Project Management Institute®* es claro en relación con las obligaciones básicas de responsabilidad, respeto, equidad y honestidad. Requiere que quienes se desempeñan en este ámbito demuestren compromiso con la conducta ética y profesional.

Conlleva la obligación de cumplir con leyes, regulaciones, y políticas profesionales y de la organización. Dado que los profesionales provienen de orígenes diversos, el *Código de Ética y Conducta Profesional del Project Management Institute®* se aplica a nivel mundial.

En el trato con los interesados, los profesionales deben comprometerse a realizar prácticas honestas, responsables y justas, así como mantener relaciones respetuosas. La aceptación del código es esencial para los directores de proyecto y constituye un requisito para los siguientes exámenes del PMI®.[46]

Nunca debes de dejar que a través de regalos influencien tu decisión, siempre deberás decidir en aquel proveedor que cumpla los requerimientos de tu proyecto, y se ajuste al presupuesto del mismo, asimismo mi recomendación es en las licitaciones hacerlas a sobre cerrado con las mismas condiciones para promover la transparencia.

---

[46] *Ibid.*, 2.

Preguntas Claves (17): ¿Ya identificaste todas las actividades donde es necesario adquirir un producto o servicio con un proveedor? ¿Ya documentaste las especificaciones del producto o servicio? ¿Tienes un presupuesto para cada compra?

Capítulo 8: Manos a la obra

Durante la ejecución de tu proyecto es necesario que tengas correctamente capturadas todas tus actividades en tu Diagrama de Gantt, que es de los entregables más importantes de la fase de planificación, ya que a través del mismo daremos seguimiento a cada una de las actividades de tu proyecto, y analizaremos como se encuentra en tiempo, costo y alcance.

HERRAMIENTAS TECNOLÓGICAS

Existen diferentes herramientas tecnológicas que te ayudan a facilitar tu trabajo como líder de proyectos en la ejecución de tu proyecto:

- **Microsoft Excel®**
  - o Análisis de Retorno de Inversión, Tabla de Requerimientos, Presupuesto, Listas de Acciones, etc.
- **Microsoft Word®**
  - o Enunciado del trabajo del proyecto
  - o Caso de negocio
  - o Acuerdos
  - o Minutas de Juntas.
  - o Registro de Interesados
  - o Registro de Riesgos
  - o Etc.
- **Microsoft Outlook® o Cualquier correo electrónico**
  - o Compartir la información con tu equipo de trabajo de especificaciones, minutas de juntas, etc.
- **Microsoft One Note®**
  - o Vinculación inmediata con Outlook para generar minutas con lista de asistentes y llevar notas detalladas por proyecto.
- **Microsoft Project® o Open Project®**
  - o Llevar el listado de actividades de tu proyecto para administrar tu línea del tiempo, recursos, ruta crítica, presupuesto, etc.
- **Microsoft SharePoint®**

○ Herramienta para compartir información de una manera donde todos pueden ver y editar un documento, sin saturar las bandejas de entrada.
- **Aplicaciones para Iphone®, Ipad® o Android®**
  ○ Existen ya diversas opciones en las tiendas de aplicaciones para Teléfonos Inteligentes, donde puedes bajarte software para administrar proyectos.

RUTA CRÍTICA

La primer gran herramienta que existe para mantener un proyecto en tiempo es el método de la ruta crítica, este también conocido por sus siglas en inglés CPM (Critical Path Method), fue desarrollado en 1957 en los Estados Unidos de América, por un centro de investigación de operaciones para las firmas Dupont y Remington Rand, buscando el control y la optimización de los costos mediante la planeación y programación adecuadas de las actividades componentes del proyecto. [47]

En administración y gestión de proyectos, una ruta crítica es la secuencia de los elementos terminales de la red de proyectos con la mayor duración entre ellos, determinando el tiempo más corto en el que es posible completar el proyecto. La duración de la ruta crítica determina la duración del proyecto entero. Cualquier retraso en un elemento de la ruta crítica afecta a la fecha de término planeada del proyecto, y se dice que no hay holgura en la ruta crítica.

Si tú como líder de proyecto con tu equipo de trabajo fuiste capaz de entender bien las actividades dependientes e independientes durante tu proceso de planificación, este cálculo de entender cuáles son la serie de actividades con menor holgura lo hace automáticamente el software para Administración de Proyectos, y lo va actualizando en tiempo real como vayas modificando duración de actividades, agregando nuevas actividades o completando actividades de tu proyecto.
Esta es de las herramientas más poderosas que como líder de proyectos tienes para notificar proactivamente a los interesados o Stakeholders con respecto a retrasos posibles de tu proyecto, para poder tomar planes de acción para mitigar el riesgo y/o aceptar el mismo.

[47] *Método de la ruta crítica - Wikipedia, la enciclopedia libre*, n.d., desde https://es.wikipedia.org/wiki/M%C3%A9todo_de_la_ruta_cr%C3%ADtica .

Pasos para Identificar tu Ruta Crítica

- **Identificar todas las actividades** que involucra el proyecto, lo que significa, determinar relaciones de precedencia, tiempos técnicos para cada una de las actividades.

- **Construir una red** con base en nodos y actividades (o arcos, según el método más usado), que implican el proyecto.

- **Analizar** los cálculos específicos, identificando la ruta crítica y las holguras de las actividades que componen el proyecto.

- En términos prácticos, la ruta crítica se interpreta como la dimensión máxima que puede durar el proyecto y las diferencias con las otras rutas que no sean la crítica, se denominan **tiempos de holgura**.

Por ejemplo en la construcción de mi casa definí la ruta crítica de mi proyecto ya que tenía que ejercer mi crédito bancario 90 días después de su calificación ya que me iba a endeudar con los acabados de la casa, y no iba a poder calificar nuevamente para poderla comprar.

Figura 16: Ruta Crítica de Construcción de Casa.

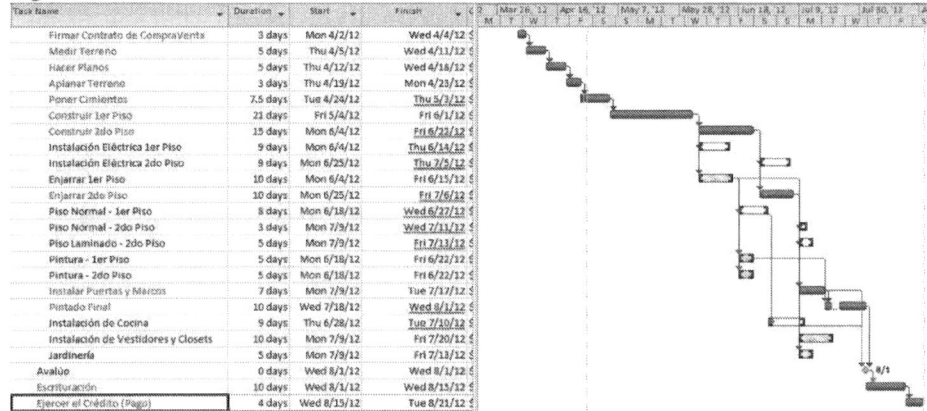

En base al análisis de ruta crítica me di cuenta que el tiempo excedía los 90 días o el tiempo previsto por el constructor, por lo que tuve que realizar un plan de mitigación de riesgos para poder re-calificar mi crédito hipotecario y poderla adquirir exitosamente.

Figura 17: Ruta Crítica en Imágenes.

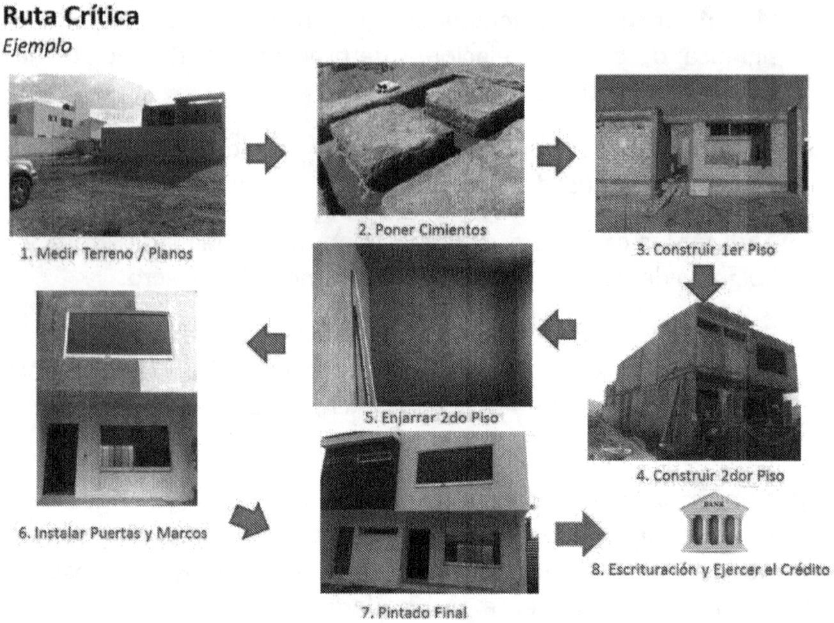

Ruta Crítica
Ejemplo

1. Medir Terreno / Planos

2. Poner Cimientos

3. Construir 1er Piso

4. Construir 2dor Piso

5. Enjarrar 2do Piso

6. Instalar Puertas y Marcos

7. Pintado Final

8. Escrituración y Ejercer el Crédito

Pregunta Clave (18): ¿Tienes claro cuáles son las actividades de tu proyecto que son parte de tu ruta crítica?

Recursos Humanos

La segunda es la administración del factor humano o del personal que va a realizar el trabajo de las actividades de tu proyecto ya sea interno o externo es crítico para el éxito del mismo. A partir del 1 de Diciembre del 2015 el PMI® ha definido que los CCRs más importantes para recertificación sean los atributos de liderazgo, ya que el 75% de las organizaciones ponen como prioridad las habilidades de liderazgo para poder llevar a cabo proyectos complejos.

EL TRIANGULO DE LIDERAZGO DEL PMI®

En el ambiente global actual cada vez más complejo y competitivo, las habilidades técnicas son simplemente no suficientes. Las compañías están buscando habilidades adicionales en liderazgo e inteligencia de negocio para soportar objetivos estratégicos de largo plazo que contribuyan al resultado final del negocio.

Figura 18: Triangulo de Liderazgo del PMI®[48]

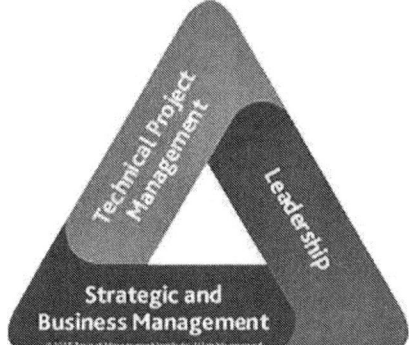

[48] PMI, *The PMI Talent Triangle: Your Angle on Success*, 1 de december de 2015, PMI.org, desde http://www.pmi.org/-/media/pmi/documents/public/pdf/certifications/talent-triangle-flyer.jpg .

Administración Estratégica y de Negocio
Habilidades orientada a negocios; aplica para todas las certificaciones.
- Administración de beneficios y realización.
- Inteligencia de negocios.
- Modelos de negocios y estructuras.
- Análisis competitivo
- Relaciones y Satisfacción con Clientes.
- Conocimiento de la industria y estándares.
- Cumplimiento legal y regulatorio.
- Conocimiento del mercado y condiciones.
- Funciones operacionales (i.e. finanzas, marketing)
- Planeación estratégica, análisis y alineación.

Conocimiento Técnico de Administración de Proyectos
Experto en el dominio, específico a certificaciones.
- Prácticas ágiles
- Obtención de datos y modelamiento.
- Administración del valor obtenido (EVM).
- Gobierno de proyectos (proyectos programas y portafolio).
- Administración de ciclo de vida (proyectos, programa, portafolio y producto).
- Administración del desempeño (proyectos, programa y portafolio).
- Administración de requerimientos y rastreabilidad.
- Administración de riesgos.
- Administración del calendario.
- Administración del alcance (proyecto, programa, portafolio, producto).
- Estimación de tiempo, presupuesto y costo.

Liderazgo

Competencia en guiar y motivar; aplica para todas las certificaciones.

- Lluvia de ideas
- Coaching y mentoring.
- Administración de conflictos
- Inteligencia emocional
- Influenciar
- Habilidades interpersonales
- Escuchar
- Negociación
- Resolución de problemas
- Trabajo en equipo

"En Liderazgo de todas las cosas que he hecho, la más vital es el coordinar los talentos de aquellos que trabajan para nosotros y dirigirlos a lograr un objetivo determinado."

– Walt Disney

GESTIÓN DEL CAMBIO

La gestión del cambio es uno de los temas de mayor discusión entre los practicantes de administración de proyectos, ya que reconocen que la gestión del factor humano es la más crítica para llevar a una empresa de un estado actual a un estado futuro o deseado, ya que no importa si dominas el aspecto técnico de la metodología, sin las herramientas adecuadas de liderazgo no serás capaz de que tu proyecto sea un éxito.

Asimismo el PMI® a partir de Enero del 2016 cambiado sus lineamientos para la re-certificación de sus diferentes certificaciones para que el 90% de los CCRs sea en horas dedicadas a mejorar tus habilidades de liderazgo y por ende afectar favorablemente la gestión del cambio de tu proyecto.

Actualmente no existe un área de conocimiento en el PMBOK® dedicada a la Gestión de Cambio, sin embargo yo creo que en la siguiente edición sin duda será una nueva área de conocimiento la cual será y es fundamental en el éxito de tu proyecto, inclusive de emprendimiento.

¿Por qué integrar la gestión del cambio con la administración de proyectos?[49]

La definición de Gestión del Cambio es cuando una organización introduce un cambio en un proyecto o iniciativa, ese cambio necesita ser gestionado efectivamente en el lado **técnico** y el lugar de la **gente**.

Un enfoque en la **gente** asegura que el cambio es **entendido, adoptado y utilizado** por los empleados que tienen que hacer su trabajo diferente como el resultado del proyecto.

---

[49] Copyright Prosci 1996-2013, *Integrating change management and project management*, 2013, Prosci, desde http://www.change-management.com/tutorial-integrating-cm-pm.htm .

1. Permite un objetivo compartido

Cuando la administración de proyectos y gestión del cambio son integrados, los esfuerzos de ambos pueden ser enfocados en un objetivo, incrementando el desempeño de la organización por implementar efectivamente el cambio que entrega los resultados esperados.

2. Permite pasos proactivos

Cuando la gestión del cambio se integra en las medidas de administración de proyectos, los esfuerzos para manejar el cambio en la gente pueden ser proactivamente identificados para mitigar los riesgos, atacar anticipadamente los obstáculos y resistencia, así como crear un compromiso con el cambio.

3. Permite secuencia y alineación

Cuando las actividades técnicas y de las personas están integradas, las decisiones adecuadas se pueden tomar en el momento adecuado durante el ciclo de vida del proyecto, para ayudar a los empleados a ser parte del cambio y producir los resultados adecuados para el proyecto.

4. Permite el intercambio de información

La integración de la gestión del cambio y las actividades de administración de proyectos mejora el flujo de información. En la parte frontal, el enfoque integrado ayuda a asegurar que los empleados afectados están recibiendo los mensajes apropiados. En la parte final, ayuda a garantizar que el equipo del proyecto reciba retroalimentación efectiva en la adopción, uso y la reacción al cambio.

Gestionando Transiciones

"Cada principio es una consecuencia. Cada principio finaliza algo."
-Paul Valéry, Poeta Francés

"Antes de que tú puedas iniciar algo nuevo, tú tienes que finalizar lo que antes era. Antes que tú puedas aprender una nueva manera de hacer cosas, tienes que desaprender la vieja manera. Antes de que tú puedas convertirte en un diferente tipo de persona, tú tienes que dejar ir tu vieja identidad. Asi que los principios dependen de los finales. El problema es que a las personas no les gustan los finales."[50]

Este primer inicio es del libro de William Bridges de Gestionando Transiciones, quien fue de los primeros autores que escribieron acerca de la gestión de transiciones en las organizaciones, él lo dividió en tres etapas: La pérdida, la zona neutral y el nuevo inicio.

---

[50] William Bridges, *Managing Transitions*, Da Capo Press, United States of America, 2003, 23.

Diferencias entre Cambio y Transición

Asimismo es importante entender la diferencia entre un cambio y una transición en un ser humano, ya que el cambio es externo ya que fue impuesto a nosotros y no podemos hacer nada al respecto como puede ser el fallecimiento de un ser querido, mientras la transición es el proceso psicológico que tenemos los individuos para poder negociar y aceptar una situación distinta que se presentó en nuestras vidas.

Cambio
*   Es situacional y está relacionado a un evento o una serie de eventos
*   Es un cambio externo – esta impuesto en un individuo
*   Puede ocurrir de la noche a la mañana o sobre un periodo de tiempo.

Transición
La transición es el proceso psicológico que los individuos tenemos que pasar para llegar a términos con una nueva situación basada en sus reacciones y respuestas al cambio de un evento.
*   Es interno
*   Toma tiempo
*   Comunicación

Después vino una evolución de la teoría aplicando la teoría de la transición o pérdida realizada por la psiquiatra suizo-estadounidense Elizabeth Kübler-Ross (1926-2004) que lo realizo enfocándose en entender las cinco etapas del duelo del ser humano ante el fallecimiento de un ser querido.

A continuación te presento herramientas para entender y facilitar en tu personal cada una de las cinco etapas de Kübler-Ross que son secuenciales, ya que mientras más rápido seas capaz de gestionar la transición de tu equipo de trabajo, más rápido subirán su productividad en tu proyecto (ver figura 14) , en tu organización y en su vida personal.
1. Negación,
2. Resistencia,
3. Negociación / El Hoyo,
4. Exploración, y
5. Compromiso.

Te recomiendo ver el siguiente video en YouTube® de una Jirafa que está pasando por las cinco etapas de duelo de Kübler-Ross https://www.youtube.com/watch?v=G_Z3ImidmrY[51] de una manera muy divertida que te pude ayudar a entender ciertas reacciones en tus miembros de tu equipo o interesados.

Tabla 22: Reacciones a las Cinco Etapas del Duelo de Kübler-Ross.

Reacciones				
1. Negación	2. Resistencia	3. Negociación / El Hoyo	4. Exploración	5. Compromiso
-Sorpresa e Incredulidad -Evadir -Confusión -Miedo Entumecimiento -Culpar	Enojo y depresión son dos diferentes reacciones: **Enojo** -Frustración -Ansiedad -Irritación -Bochorno -Pena **Depresión** -Tristeza y dolor -Sentirse abrumado -Sentimiento de Impotencia -Sentimiento de Insuficiencia -Falta de energía	**Búsqueda** -Buscar alternativas -Problemas para encontrar el significado de lo que ha pasado **Diálogo** -Buscar a otros -El deseo de decirle a otra persona tu historia	**Involucramiento** -Hacer preguntas -Obtener información -Discutir el cambio **Oportunidad** -Preguntar por sugerencias -Experimentar con maneras distintas de hacer las cosas -Explorar opciones -Planear un nuevo plan de carrera	**Significado** -Sentirse más seguro -Sentirse con mayor autoestima -Sentirse con un mayor sentido de cohesión en el equipo. -Se incrementa la satisfacción laboral. **Empoderamiento** -Adoptar acciones para cambiar las circunstancias -Adoptar comportamientos para cambiar las circunstancias -Empezar a resolver problemas -Tener un enfoque claro y plan de carrera

[51] Adult Swim, *Quicksand | Robot Chicken | Adult Swim*, 2009, YouTube, desde http://www.youtube.com/watch?v=G_Z3ImidmrY .

Figura 19. Ciclo de Gestión de Cambio en la Organización.

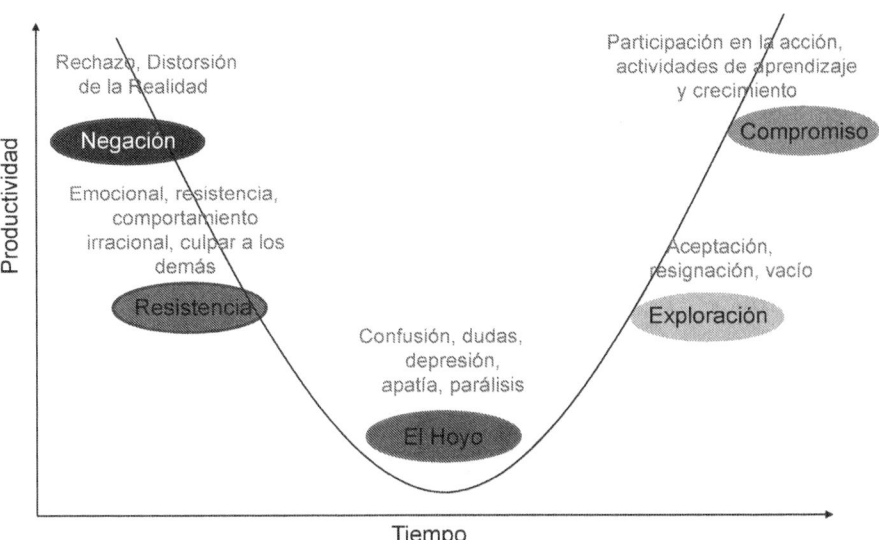

ETAPAS DE TUCKMAN EN EL DESARROLLO DE GRUPOS[52]

Otra herramienta para entender la transición en tu equipo de trabajo son las etapas publicadas por Bruce Tuckman el desarrollo de las dinámicas de grupos, donde nos dice que cada vez que un nuevo individuo se vuelve parte de tu equipo inicias desde el principio del ciclo que es formación.

Figura 20. Etapas de Tuckman en el Desarrollo de Grupos

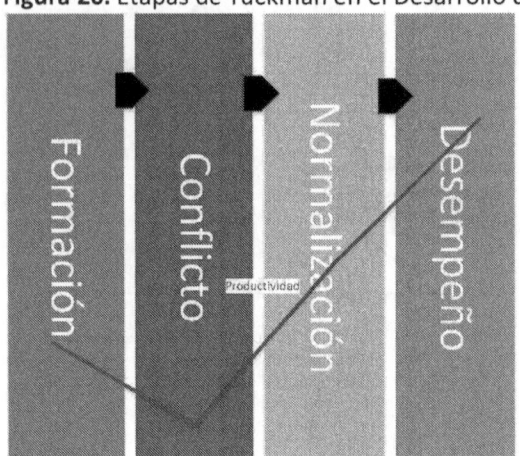

Formación
- Esta es la fase en que se reúne el equipo y se informa acerca del proyecto y de cuáles son sus roles y responsabilidades formales. En esta fase, los miembros del equipo tienden a actuar de manera independiente y no demasiada abierta.

Conflicto o Turbulencia
- Durante esta fase, el equipo comienza a abordar el trabajo del proyecto, las decisiones técnicas y el enfoque de dirección del proyecto. Si los miembros del equipo no colaboran ni se muestran abiertos a ideas y perspectivas diferentes, el ambiente puede tornarse contraproducente.

---

[52] Ibid., 276.

Normalización

- En la fase de normalización, los miembros del equipo comienzan a trabajar conjuntamente y a ajustar sus hábitos y comportamiento para apoyar al equipo. Los miembros del equipo comienzan a confiar unos en otros.

Desempeño

- Los equipos que alcanzan la etapa de desempeño funcionan como una unidad bien organizada. Son interdependientes y afrontan los problemas con eficacia y sin complicaciones.

Disolución

- En la fase de disolución, el equipo completa el trabajo y se desliga del proyecto. Esto sucede normalmente cuando se libera al personal del proyecto, al estar completos los entregables o en el cierre del proyecto.

RESUMEN DE RECURSOS HUMANOS

En base a mi experiencia como líder de proyectos estos son los pasos para exitosamente administrar cal capital humano en tu proyecto:

1. Integrar tu Equipo de Trabajo.
2. Definir sus roles y responsabilidades.
3. Establecer las Reglas del Juego.
4. Establecer los horarios de las juntas, estas pueden variar semana a semana.
5. Realizar minutas detalladas de las juntas y asignar acciones con responsables y una fecha límite.
6. Dar seguimiento a las acciones de manera puntual, las juntas deberán iniciar con las acciones abiertas de la junta pasada como mejor práctica.
7. Mantener el orden en las juntas, y enaltecer el respeto al individuo en todo momento, sino intervenir puntualmente.
8. En alguna situación crítica apartar al miembro del equipo o interesado del proyecto para poder platicar individualmente para entender y solucionar su problemática o expectativa.
9. Identificar constantemente en cuál de las cinco etapas del duelo de Kübler-Ross se encuentran tus miembros del equipo más negativos para poder gestionar su transición adecuadamente.
10. Reconocer a los miembros de tu equipo que están haciendo un trabajo sobresaliente al final de tu proyecto.

Pregunta Clave (19): ¿Ya definiste los roles y responsabilidades de tus miembros del equipo?

CONTROL DE CAMBIOS

Otra herramienta muy valiosa para mantener a un proyecto en presupuesto y en tiempo es la de control de cambios, donde se establece un proceso de control para agregar nuevos requerimientos una vez haz terminado tu fase de planificación y te encuentras durante la ejecución del proyecto.

El control de cambios es el proceso mediante el cual se asegura que no se realicen cambios que afecten el éxito del proyecto, y que aquellos que se implementen sean analizados, negociados y planeados de una manera adecuada con los miembros del equipo y los interesados.

El problema no son los cambios a los requerimientos, ya que algunos son absolutamente necesarios, sino el hecho de que se agreguen a la lista de requerimientos del proyecto sin considerar el impacto que tendrán sobre el plan especialmente en el tiempo y los recursos disponibles.

El no tener un control de cambios significa que cuando el proyecto se termine en una fecha posterior a la que fue planeado originalmente, o con un presupuesto mayor al considerado, que los interesados del proyecto consideren como fracaso al proyecto, al no estar de acuerdo.

Tu trabajo como líder de proyectos es notificar proactivamente a los interesados o Stakeholders acerca del impacto de las nuevas actividades o requerimientos en tu proyecto para que puedan decidir si deben de seguir adelante o no, regularmente se presenta con el análisis a la línea del tiempo del proyecto (i.e. se va a retrasar 3 semanas la apertura del negocio) y el impacto en los costos (i.e. Nos va a costar $15K este nuevo requerimiento legal) y si tienes recursos disponibles para ejecutarlo.

El control de cambios en las empresas de clase mundial son definidas en base a sus necesidades de negocio, en tu proyecto de emprendimiento tu define cual será el proceso para notificar, regularmente validado por el inversionista y los socios.

Figura 21. Ejemplos de un Ciclo de Vida de un Proyecto

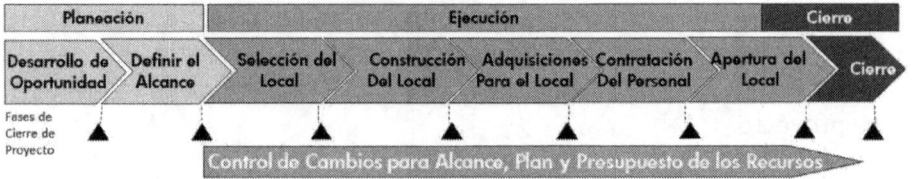

Ejemplo de un Ciclo de Vida de un Proyecto de Emprendimiento

Pregunta Clave (20): ¿Ya definí con mis Interesados y Miembros del Equipo mi Control de Cambios para mi proyecto de emprendimiento?

Gestión del Valor Ganado (EVM) [53]

Y finalmente otra herramienta de monitoreo y control de tu proyecto es el **EVM** o Gestión del Valor Ganado sus siglas en inglés es una metodología que combina la medición del alcance, tiempo o cronograma, y recursos para analizar el desempeño y el avance del proyecto.

- **Valor Planificado (PV)** es el presupuesto autorizado para el trabajo de proyecto.

- **Valor Ganado (EV)** es la medición del trabajo desempeñado expresado en términos de presupuesto autorizado para el proyecto.

- **Costo Real (AC)** es el costo incurrido durante el trabajo desempeñado en el proyecto.

Un ejemplo de su aplicación

- El Proyecto A se ha aprobado para una duración de 1 año y con el presupuesto X.

- También fue planeado para que el proyecto gaste el 50% del presupuesto aprobado en los primeros 6 meses.

- Si después de 6 meses del inicio del proyecto, un líder de proyecto informará que ha gastado el 50% del presupuesto, se puede pensar en un principio que el proyecto está perfectamente bien en base al plan original.

  - Sin embargo, en realidad, la información proporcionada no es suficiente para llegar a una conclusión.

---

[53] *Ibid.*, 217–219.

- El proyecto puede haber gastado el 50% del presupuesto, mientras que solo ha terminado el 25% del avance esperado de la obra, lo que significaría que el proyecto no se está ejecutando adecuadamente.

- Otro escenario es que el proyecto puede haber gastado el 50% del presupuesto, y ya terminó el 75% del avance esperado de la obra, lo que significaría que el proyecto se está ejecutando mucho mejor de lo previsto.

- EVM pretende dar respuesta a estas y otras cuestiones similares.

En mi experiencia profesional estas son las fórmulas que más tienen valor para calcular el estado de tu proyecto, ya que existen otras para analizar otras variantes.

- **Variación del Cronograma (SV)** es la medición del desempeño del cronograma que se expresa como la diferencia entre el valor ganado (EV) y el valor planificado (PV).

  - SV = EV-PV

- **Variación del Costo (CV)** es el monto del déficit o superávit presupuestario en un momento dado, expresado como la diferencia entre el valor obtenido (EV) menos el costo real (AC).

  - CV = EV – AC.

- **Índice de Desempeño del Cronograma (SPI)** es una medida de eficiencia del cronograma que se expresa como la razón entre el valor ganado (EV) y el valor planificado (PV).

  - SPI = EV / PV

- **Índice de Desempeño del Costo (CPI)** es una medida de eficiencia del costo de los recursos presupuestados, expresado como la razón entre el valor obtenido (EV) y el costo real (AC).

  - CPI = EV / AC

Ejemplo de Gestión del Valor Ganado (EVM) para la apertura de un Restaurante

Para abrir un nuevo restaurante el presupuesto para completar el proyecto es de $450,000.

- El costo real (AC) al día de hoy es de $225,000.
- El valor ganado (EV) de este proyecto al día de hoy es de $250,000.
- El valor planificado (PV) es de $210,000.

Solución

- **Variación del Cronograma (SV)** = EV-PV = $250,000 - $210,000 = $40,000
- **Variación del Costo (CV)** = EV − AC = $250,000 - $225,000 = $25,000
- **Índice de Desempeño del Cronograma (SPI)** = EV / PV = $250,000 / $210,000 = 1.19
    - Un valor de SPI superior a 1 nos indica que la cantidad de trabajo efectuada es mayor a la prevista, o que vamos con una ventaja en el tiempo de la apertura del restaurante.
- **Índice de Desempeño del Costo (CPI)**= EV / AC= $250,000 / $225,000 = 1.11
    - Un valor de CPI superior a 1 nos indica un costo inferior con respecto al desempeño hasta la fecha, o que hemos gastado menos lo que presupuestado.

Capítulo 9: Mercadotecnia de Contenidos

(1) BRANDING
1. Estrategia de marca[54]

La estrategia de marca es vital para poder posicionar tu producto o servicio en el mediano y largo plazo. Un logo no es una marca, y una marca, sólo es una parte del branding.

Las marcas parte de la civilización
• Homo Sapiens = 200,000 años en África subsahariana
• Lenguaje escrito = 7 mil años (sociedades de cultivo y ración diaria de cerveza)
• La primera fórmula matemática 500 años a.C. (Pitágoras en Jonia)
• El registro de algo parecido a las marcas datan de 5,000 años
• Cerámicas, heráldicas y marcas de propiedad privada

Brand = "Brandr"
• Voz nórdica antigua "Brandr" = marcar con hierro caliente
• Branding = Brand + Building
• Granjeros y artesanos de la Grecia y Roma antigua "marcaban" sus productos (evitar piratería)
• Estados Unidos en el siglo XIX comienzan a utilizar las marcas (en medicamentos y jabones)

Tipos de marcas en la historia
• Heráldicas
• Escudos de armas
• Monogramas
• Orejas de animales
• Granjas
• Cerámica
• Hallmark
• Imprenta
• Marcas de agua
• Mueblería
• Marketing Digital

---

[54] Sergio Emiliano Rodea García, "Estrategia de marca, Branding: Una mezcla para la rentabilidad," 2015.

La marca empieza por ser una referencia básica:
- Marca territorios
- Marca límites
- Marca diferencias

La marca: definición tradicional
• Nombre, término, símbolo, diseño o combinación.
• Su propósito es identificar bienes o servicios (identidad)
• Permite la diferenciación (lealtad)

La marca: definición estratégica[55]
"Es el proceso por el cual se construyen relaciones sustentables entre los clientes y la organización, esta convivencia se puede edificar si se identifica de los clientes sus necesidades, motivadores, percepciones y valores, y se llevan a la comunicación y operación cotidiana de la organización, hacia sus empleados, los canales de distribución y los clientes"

Los requisitos de una marca ideal
- Breve (monosílabo o bisílabo)
- Fácil de pronunciar
- Fácil de recordar
- Evocar las bondades
- Evitar siglas

¿Para qué sirve una marca?
Se trata de nuestros clientes, para ellos una marca:
- Simplifica la elección
- Reduce el riesgo
- Provee beneficios emocionales
- Ofrece un sentido de pertenencia

Tácticas de marca
- Individual (P&G, Zest, Tide, Bold3)
- De familia (Heinz, General Electric)
- Corporativa (Grupo Carso. Alfa, Tablex)
- De línea (Sears, Kenmore, Kerrybrook)

---

[55] Kevin Lane Keller, *Strategic Brand Management: Building, Measuring, and Managing Brand Equity, 4th Edition*, Pearson, England, 2014.

- De combinación (Corn Pop's de Kellog's)
- "Cobranding"(GE y Ariel)

Podemos sintetizarlo en una pirámide...

Figura 21. Pirámide del Posicionamiento

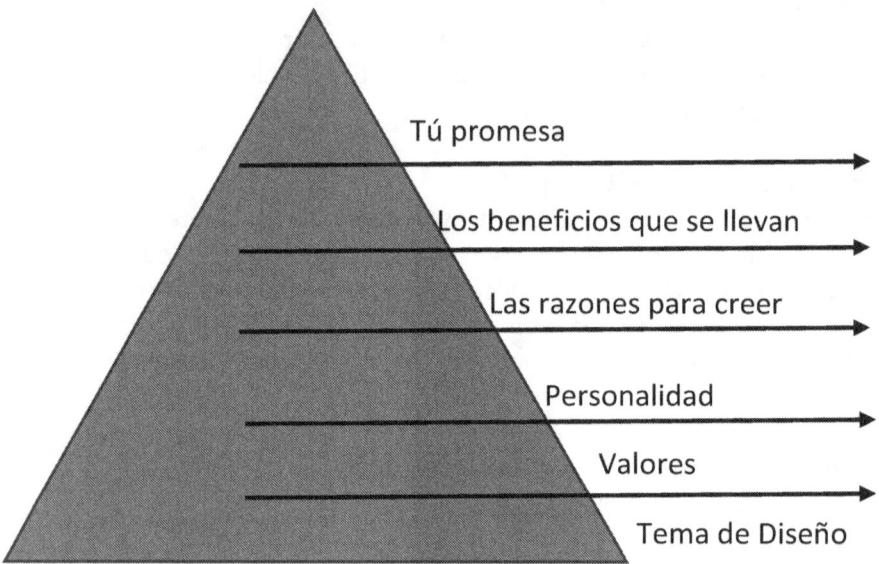

La estrategia de mercadotecnia es vital para cualquier organización nueva o ya establecida, pues define las intenciones de inversión en medios de publicidad en base a los objetivos de ventas de la empresa, y nos permite dar un seguimiento con una medición puntual.

El primer mito que tenemos que eliminar es que las redes sociales son iguales al marketing digital, la clave es poder generar contenido relevante para poder posicionar nuestro producto o servicio, por eso se dice que el contenido es el "Rey".

No es necesario estar en todas las redes sociales o inclusive en ninguna dependiendo del tipo de producto o servicio, siempre y cuando se tenga contenido valioso para nuestros seguidores para posicionar nuestra marca, por ejemplo Apple no está en ninguna.

Si tienes algo que decir, metete a las redes sociales, sino es mejor que no lo hagas, por lo que debes de pensar si es la mejor estrategia para tu producto o servicio el estar en las redes sociales.

(2) ESTRATEGIA DE CONTENIDOS
1. Tener claros tus objetivos
2. Tener claros los resultados que quieres obtener (i.e. Likes, Comentarios, Discusión, Leads, Ventas, etc.)
3. Generar contenidos de interés para tu segmento de mercado meta (i.e. No retwittear, no publicar información de páginas de expertos, etc.).
4. Diseñar un plan para hacer los contenidos fáciles de encontrar (Ligados con el SEO - Search Engine Optimization)
5. El contenido debe ser "líquido", o debe de caber en cualquier dispositivo.
6. Los contenidos deben ser medibles en todo momento.

El Community Manager es una plataforma de comunicación y no de venta entre la marca y su público meta.

Premisas básicas del Marketing de Contenidos:
1. Relevancia
2. Periodicidad
3. Coherencia

A continuación una serie de pasos para desarrollar tu estrategia de contenidos digitales obtenida del Mtro. Sergio Emiliano Rodea García.[56]

Awareness Building (creativo)
- Recordación
- Notoriedad
- Conocimiento
- Interés
- Identidad

Customer Engagement (creativo)
- Crear micro movimientos permanentes que generen conversaciones y opiniones positivas (de preferencia) de acuerdo al branding.
- Detonar el activismo de teclado por las causas genuinas de la marca

Leadership (Creativo – estratégico)
- Establecer la estrategia de acuerdo al escenario de las cuatro opciones estratégicas y los contenidos deben honrar la posición que deseamos conseguir.

Action (analíticos)
- Métricas
- Monetización
- Leads

La estrategia
- Dale un nombre
- Explica cómo vas a conseguir ir alcanzando la meta poco a poco (objetivos)
- Basa tu razonamiento en las fuentes de oportunidad
- Dime de dónde partes y hacia dónde te diriges para alcanzar cuál meta

Tabla 23. Adaptación: La "guerra" competitiva, Alberto Wilensky

[56] Sergio Emiliano Rodea García, *op. cit.*

Actores de reparto	Líder	Desafiante	Seguidor	Encajonado
Guerra	Defensiva	Ofensiva	Flanqueo	Guerrilla
Estrategias	Expansión mercado total Proteger participación	Atacar al líder Atacar a los pequeños	Copiar al líder No crecer	Especialización Nichos
Maniobras	Auto ataque Bloqueo	Ataque directo Hostigamiento	Ataque de zonas no disputadas Sorpresa y disciplina	Ataque focalizado Rápido repliegue

La comunicación es diferente en cada etapa de Ciclo de Vida del Producto.

Figura 22. Ejemplo de Comunicación en un Ciclo de vida del Producto

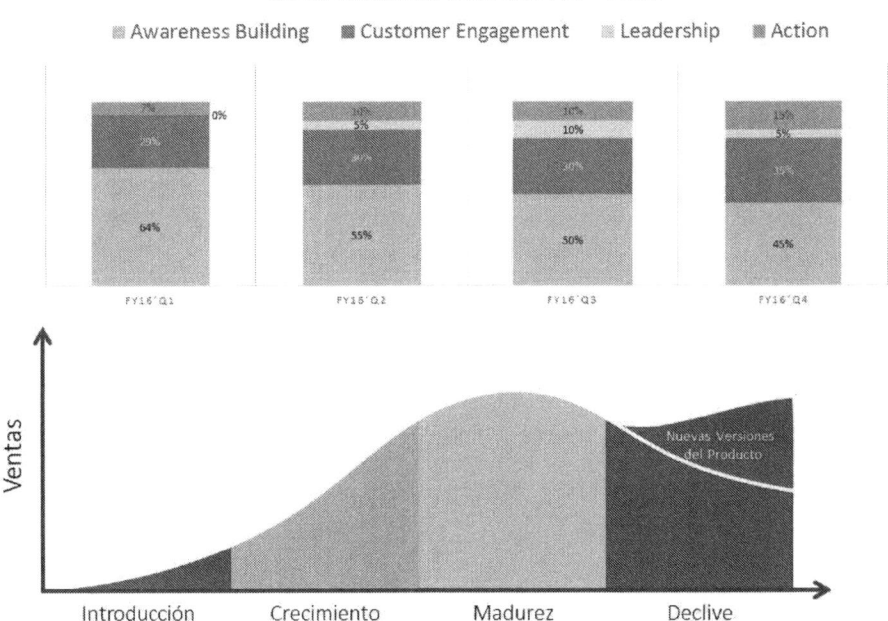

Redes, herramientas y calendario editorial estratégico trimestral
- Temas de branding
- Temas de producto
- Temas de experiencia
- Temas de coyuntura
- Elección de redes y herramientas de medición

(3) PERFILADO DEL SEGMENTO META

Defines el perfil del segmento meta en base a tu arquetipo de cliente para poder pautar en las redes sociales en base a tu estrategia de branding, producto y experiencia.

Tabla 24. Ejemplo de Perfilado del S.M. de CRM para asesores financieros

Perfilado del Segmento Meta			
Redes Sociales		Intereses:	MetLife, New York Life Insurance Company, axa méxico or gnp seguros
Nombre de la Audiencia	Asesores Financieros Guadalajara	Edades	30-45 años
Lugar	Mexico: Guadalajara (+25 mi) Jalisco	Lenguaje	Español

(4) OBJETIVOS DE LIKES/LEADS/SALES

Definir los Objetivos de cuantos Likes/Leads/Sales necesitas para obtener tus objetivos de negocio.

Gráfica 3. Ejemplo de Objetivos de Likes/Leads/Sales

(5) DESARROLLO DE CALENDARIO ESTRATÉGICO TRIMESTRAL

Se debe de desarrollar un calendario estratégico trimestral que este alineado a tus objetivos de likes/leads/sales que esté relacionado con el perfil del segmento meta.

Tabla 25. Ejemplo de Calendario Trimestral de CRM para asesores financieros

	Medio	Electrónico	Electrónico
Información General	Proveedor	FACEBOOK	FACEBOOK
	No. De Mensaje	002	003
	Id. Único	FAC002	FAC003
	Alcance	ZMG	ZMG
	Enfoque	Awareness Building	Customer Engagement
	Contenido	La decisión de ser un asesor de elite depende de ti, deja que AIGIS te ayude en tu camino.	Cuanto tú lo necesitas puedes estar en contacto con tus clientes.
	Mensaje Principal	Emoción del asesor ligado a ser de elite con la coyuntura de inicio de año.	Vincular la libertad potencial del CRM con el manejo de sus clientes.
	Arquetipos Meta	Todos los Tipos	Todos los Tipos
Objetivos	Alcance	2000	2000
	Likes por Post	100	100
	Comentarios	5	5
	Leads	10	10
	Sales	5	5
	Costo Diario	$ 12.00	$ 12.00
	Días	7	7
	Costo Total	$ 84.00	$ 84.00
	Estatus	Planeado	Diseñado
	Likes/Followers	20	20
Calendario	Mes	1-Jan-16	1-Jan-16
	Trimestre	FY16´Q1	FY16´Q1
	Coyuntura	Año Nuevo - Resoluciones, Empezar de nuevo	

(6) DESARROLLAR LOS CONTENIDOS RELEVANTES ALINEADOS A TU CALENDARIO ESTRATÉGICO TRIMESTRAL.

Imagen 1. Ejemplo de Publicidad en Redes Sociales

Imagen 2. Ejemplo de Publicidad en Redes Sociales

(7) MEDIR LOS RESULTADOS

Es importante medir tus resultados para verificar que el perfilado del segmento meta fue el adecuado cuando pautaste en redes sociales, o en el motor de búsqueda, ya que sino estarás tirando dinero a la basura.

Imagen 3. Ejemplo de Medición de Resultados en Facebook

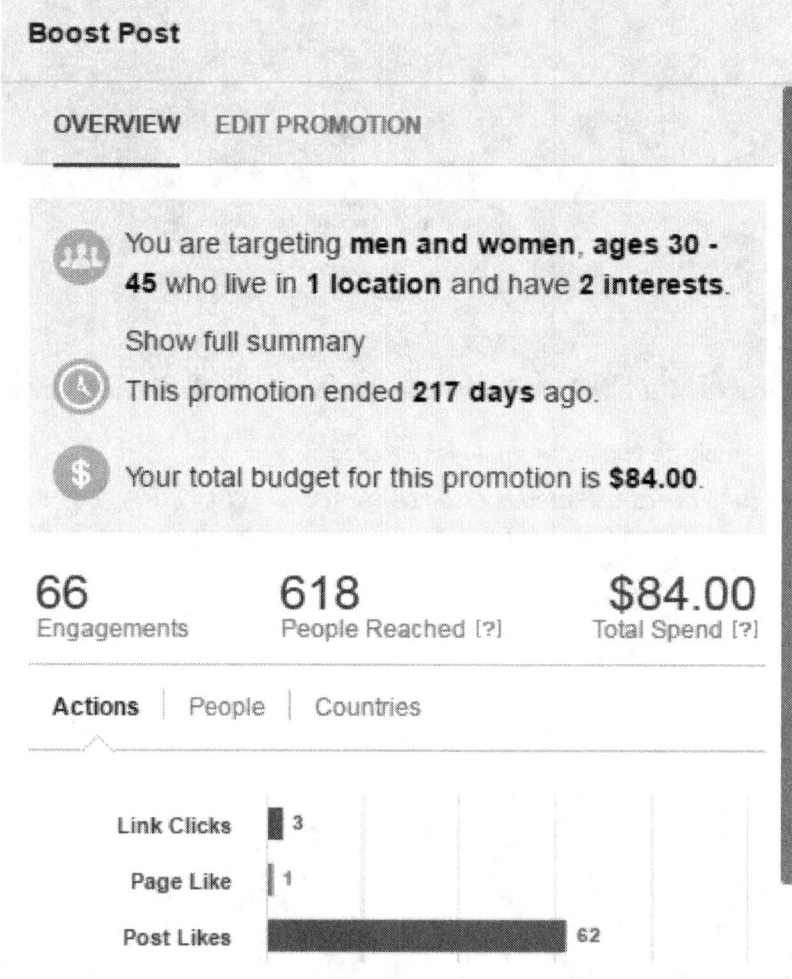

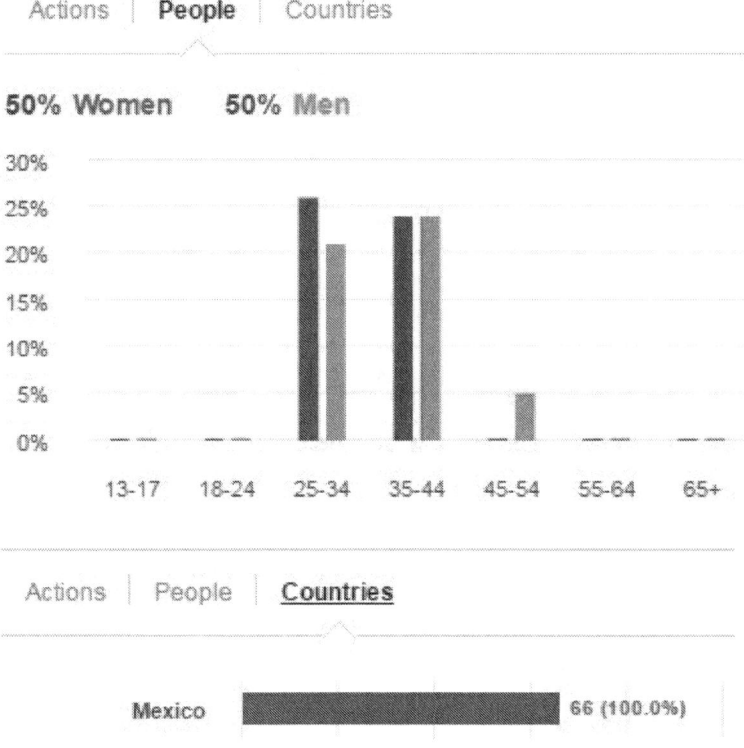

Actions | **People** | Countries

50% Women   **50% Men**

Actions | People | **Countries**

Mexico 66 (100.0%)

(8) HACER AJUSTES A TU PERFILADO DEL SEGMENTO META O PUBLICIDAD EN BASE A TUS RESULTADOS.

Con base en los resultados obtenidos en tu pautado en redes sociales o motores de búsqueda, si fuera necesario se tendrían que hacer ajustes que pueden iniciar desde tu marca, tu estrategia de contenidos como puede ser que redes sociales o motores de búsqueda elegiste, como el perfilado del segmento meta que bien puede ser el inadecuado.

Figura 22. Círculo de Deming para Marketing de Contenidos

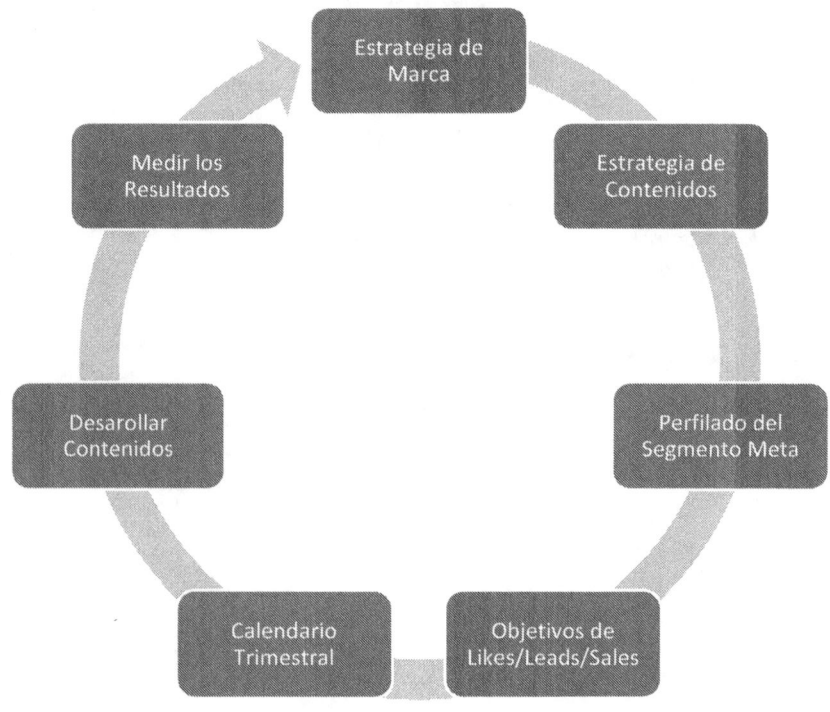

GENERAR CONVERSACIONES DE TU MARCA

Sin duda alguna que ninguna marca puede estar fuera de las discusiones en las redes sociales e internet en general pues es importante el estar analizando tendencias positivas o negativas ya que tienen vínculo con el aspecto mercadológico más importante de posicionamiento que es VOM o Voice of Mouth por sus siglas en inglés.

La publicidad va más allá de los medios de comunicación, de cómo en el viejo modelo de radio fusión ha cambiado del 90% de tu audiencia que no está interesado en tu producto, para llegar al 10% que pudiera estarlo, al modelo actual de google donde el 10% de tu audiencia no está en interesado en tu producto, para alcanzar al 90% de tu audiencia que pudiera estarlo.[57]

El mundo digital está desarrollando un cambio acelerado en la disminución de costos para que cada vez más productos o servicios puedan ser ofertados de manera inmediata a través del internet, sin embargo cada vez más el control de los medios dominadores en internet como lo es Google para publicidad, Amazon para distribución, Facebook para redes sociales están haciendo cada vez más difícil el competir a nuevas empresas.

A lo que me refiero es que si no estás pagando dinero activamente para que tu producto o servicio aparezca en los primeros hits en internet pues difícilmente serás visto y probablemente comprado, de hecho acabo de leer una frase en internet que decía "Si quieres esconder un muerto, ponlo en la página 2 de resultados de Google" o mejor dicho si no pagas a Google nadie te verá activamente.

Mi hermano y sus socios abogados tienen una página de contratos gratuitos desde el año 2010 llamada www.abogadosycontratos.com que su enfoque inicial fue regalar los contratos de mayor uso en México a cualquier usuario y obtener un beneficio económico a través de los contratos a la medida que permitiera sopesar los costos del hosting y dominio en internet, hasta el momento ha sido un éxito.

---

[57] Chris Anderson, *Gratis, El futuro de un precio radical*, Tendencias Editores, España, 2009.

Sin embargo en el 2015 los socios están enfocados en otros negocios por lo que decidieron no invertir en Google en Publicidad y de tener 300 hits diarios en promedio por gastar $25 pesos/día actualmente únicamente tienen 15 hits diarios en promedio, en los 3 años pasados le ganaron $30 centavos por cada $1 peso que invirtieron, lo cual no está nada mal.

Como Gerente de Conversaciones tienes que ser capaz de desarrollar campañas para posicionar tu marca en el corazón de los consumidores finales y ejemplo del spot de YouTube de Microsoft de Devolver el Amor https://www.youtube.com/watch?v=D3qItEtl7H8.

Esto es un excelente ejemplo de relación antigua entre el publicista y el consumidor, donde la información ya no es unilateral sino bilateral, donde es importante analizar los resultados de tus campañas publicitarias en base a una mejor segmentación de mercado, y escuchar a tus consumidores.

El consumidor actual es un nómada post-moderno donde interactúa de manera recurrente tanto en el mundo físico como el digital y entiende la importancia de estar en loa dos, por lo que debemos de entender que constantemente, como sucedía antes que existiera el internet que era la interacción con respecto a sus marcas, productos o servicios preferidos o aquellos que le dieron una mala experiencia a través de sus amistades cercanas o círculo social.

La ventaja que tenemos en el internet y en las redes sociales con respecto al método tradicional de voz en voz o WOM por sus siglas en inglés, es que a través de internet podemos obtener la información que se está compartiendo de nuestra marca ya sea positiva o negativa te ayuda a la toma de decisiones para poder mejorar constantemente.

El 23 de Febrero del 2007 a Kentucky Fried Chicken o KFC es un excelente ejemplo del poder actual del consumidor donde en Nueva York un grupo de amigos grabaron un grupo de ratas bien alimentadas y las grabaron en video para después subirlas a YouTube. En la misma tarde las fotos ya estaban en el noticiero nocturno de CNN.[58]

---

[58] Steven Van Belleghem, *The Conversation Manager The Power of the Modern Consumer, the End of the Traditional Advertiser*, Kogan Page, 2012.

Después de una semana del video de las ratas en internet, el valor de mercado de KFC tuvo una pérdida del 20%, lo cual nos dice como una mala ejecución en solo un establecimiento de miles de restaurantes donde existe un cretino puede impactar negativamente a una empresa, sólo por un consumidor que graba una mal ejecución de operación.

Para poner en perspectiva en el 2015 está el caso de Volkswagen donde el presidente ejecutivo Martin Winterkorn presentó su renuncia debido a que las autoridades ambientales de Estados Unidos (EPA) acusaran que 482,000 vehículos de las marcas Volkswagen y Audi, fabricados entre 2009 y 2015 y vendidos en ese mercado, estaban equipados con un programa informático que detectaba automáticamente los controles de contaminación con el objetivo de falsear los resultados que perdió su valor de mercado en un 19.8%.[59]

Tuvo un efecto casi similar una rata en un local de KFC que una comprobación de un software falsificado que tuvo impacto en el medio ambiente para medir un poco el poder de las redes sociales y el internet, por lo que no te puedes dar el lujo de estar fuera, quizás Volkswagen manejo adecuadamente el impacto negativo en redes sociales e internet y esto ocasionó que su acción no se erosionará más.

Los mensajes efectivos deben de tener a la marca como elemento central del pensamiento, para así poder generar las conversaciones adecuadas en tu mercado meta, ya que esto lleva a un mejor desempeño de la marca por una identificación más fuerte entre la marca y el consumidor, lo cual conlleva un efecto positivo en las ventas.

Otro ejemplo de la velocidad de los mensajes en este mundo interconectado es el de BlueBell que en Enero del presente año (2015) debido a unas pruebas sanitarias realizadas en Carolina del Sur, se reveló la presencia de Listeria en dos productos de la planta principal en Brehman, sin embargo no tomó acciones profundas para mejorar los procesos de sus plantas y únicamente hasta Marzo cuando un caso previo

---

[59] CNNExpansión, *El CEO global de Volkswagen renuncia tras escándalo - Negocios - CNNExpansion.com*, 23 de september de 2015, CNNExpansión, desde http://www.cnnexpansion.com/negocios/2015/09/23/el-ceo-de-volkswagen-renuncia-tras-escandalo-ecologico .

del 2014 de Listeria fue relacionado con muertes que paró su planta e hizo su primer retorno de productos fabricados en 108 años de historia. [60]

Esto fue debido a que no tomaron las medidas pertinentes adecuadas ya que la FDA en Marzo, 2013 ya había encontrado la bacteria en pisos de la planta, esto debido a que no tenía flujo suficiente para reinvertir en la planta, ya que después del problema y del paro de las fábricas necesitaron el apoyo del billonario Sid Bass de $125 millones de dólares americanos para no irse a bancarrota.

Su plan de regreso fue utilizando inicialmente a Instagram como su red social para avisar del regreso de la marca al mercado americano y lo cual ha generado una expectativa muy positiva con mensajes de los consumidores como "Gracias Bebé Jesús", y otro "Yo estaré en Walmart a media noche", las ventas de BluBell anuales según Euromonitor eran de $880 millones de dólares.

La pregunta clave es ¿Cómo genero una interacción positiva entre mi marca y los consumidores? Basado a su vez en las siguientes preguntas subsecuentes:

1. ¿Cuál es mi idea central?
2. ¿Qué tipo de campaña tengo que hacer?
3. ¿Qué contenidos tengo que desarrollar?
4. ¿Qué medios voy a utilizar?
5. ¿Qué herramientas de interacción tengo con mis clientes finales?
6. ¿Cómo evaluó el impacto de mi estrategia?

Que me lleva al siguiente punto citando al libro acerca del objetivo de un Gerente de Conversaciones es usar la publicidad para activar las personas y esto es únicamente exitoso si combina las tres dimensiones claves[61]:

[60] Peter Elkind, *How the listeria recall tarnished ice cream maker Blue Bell - Fortune*, 25 de september de 2015, Fortune, desde http://fortune.com/2015/09/25/blue-bell-listeria-recall/?xid=soc_socialflow_twitter_FORTUNE .

1. Los consumidores "correctos" deben esparcir el mensaje.
2. Deben de tener las razones "correctas" para hacerlo.
3. Deben hablar acerca del sujeto correcto, por ejemplo el producto o la marca, no la campaña en sí.

Para que tu mensaje sea transportado por tus consumidores es absolutamente necesario que tenga un criterio pegajoso y que contenga[62]:

1. Simplicidad. Puede vender una idea sencilla a tus consumidores.
2. Sorpresa. El mensaje atrae de una manera innovadora y contra-intuitiva la atención de los consumidores.
3. Concreto. Es claro lo que le quieres decir a los consumidores.
4. Creíble. Utilizar información de expertos o investigación para hacerlo creíble el mensaje.
5. Emocional. Que los consumidores sientan lo que quieres decir con el mensaje.
6. Historias. Los clientes recuerdan más una buena historia, que un comercial.

Únicamente si tu mensaje tiene estas tres dimensiones y los criterios pegajosos al momento de la activación, entonces tu mensaje te ayudará a construir una marca más fuerte en el mercado, y generar el impacto que buscas en el consumidor final.

Ejemplos de campañas multimedios exitosas en México:

Indio de 120 años -> https://www.youtube.com/watch?v=iVQPC4JIgIw
Scribe Billboard -> https://www.youtube.com/watch?v=3l82hbnzmlE

Un buen Gerente de Conversaciones debe de ser capaz de observar, facilitar y participar en las conversaciones entre los clientes finales de su producto o servicio, y seguir los siguientes principios[63]:

---

[61] Steven Van Belleghem, *op. cit.*, 119.

[62] *Ibid.*, 114.

[63] *Ibid.*, 134–135.

1. Escuchar. Leer claramente lo que el consumidor tiene que decir.

2. Hacer Preguntas. Preguntas exploratorias para entender al consumidor como: ¿A qué te refieres exactamente? ¿Puedes darme un ejemplo? ¿Cómo ves tu idea concretamente?

3. Adoptar una actitud de mente abierta. Ir más allá de la recomendación inicial de tu cliente para obtener información valiosa que a la postre puede ayudarte en tu campaña.

4. Se honesto. Cuando un publicista miente regularmente no tienen una conclusión efectiva.

5. Se una persona. Siempre di tu nombre, y nunca en el nombre de una compañía.

6. Comprometerte a ti mismo. Una buena conversación lleva a una acción.

Mi conclusión para tener una efectiva estrategia de mercadotecnia y conversación con tu segmento de mercado.

1. Definir tu estrategia de la organización.
   a. ¿Cuál es mi producto o servicio a ofrecer?
   b. ¿Cuánto es el valor de la industria y el mercado?
   c. ¿Quiénes son mis competidores principales?
   d. ¿Tengo mi análisis de las fuerzas de Porter?
   e. ¿Cuánto es la cuota de mercado que quiero alcanzar?
   f. ¿Cuál será mi estrategia de diferenciación?
2. Definir tu estrategia de mercadotecnia.
   a. ¿Cuál es mi presupuesto para publicidad para alcanzar mis metas?
   b. ¿Entiendo las necesidades de mi segmento meta?
      i. ¿Es necesario desarrollar un Estudio de Mercado Cualitativo y Cuantitativo?
      ii. ¿Es necesario desarrollar encuestas profundas?
      iii. ¿Es necesario desarrollar Focus Groups?
3. Definir tu estrategia multimedios.
   a. ¿Cuál es la idea central de mi producto o servicio?
   b. ¿Cuál es la campaña a desarrollar?
   c. ¿Qué tipos de medios son los óptimos en base a mi presupuesto y mis objetivos?
4. Ejecutar en base a tu estrategia de organización, mercadotecnia y multimedios.
   a. ¿Ejecute en base a mi calendario de mercadotecnia?
5. Medir tus resultados en base a tus objetivos.
   a. ¿Cuál es el resultado o impacto de mis campañas publicitarias?
   b. ¿Cuál es el ROI de mi campaña?
6. Hacer ajustes en base tus resultados proactivamente.
   a. ¿Si tengo un 20% de presupuesto adicional en base a oportunidades debido a la retroalimentación de mis consumidores finales?

BUZZ MARKETING

Los seis secretos del Buzz Marketing son[64]:

1. Apretar los seis botones del Buzz
    a. El tabo (sexo, mentiras, humor de baño)
    b. Lo inusual
    c. Lo indignante
    d. Lo divertido
    e. Lo notable
    f. Los secretos (guardados y revelados)
2. Capturar los medios
3. Publicidad por atención
4. Escalar el Everest del Buzz
5. Descubre Creatividad
6. Impresiona con tu Producto

Estos seis secretos de Buzz Marketing son críticos para poder generar una estrategia ganadora relacionada a tu producto, primero al tener contenidos relevantes vas a ser capaz de apretar los seis botones, después para poder capturar a los medios tiene que ser una historia original e innovadora, tercero no vas a poder publicitarte por atención si utilizas los canales convencionales de comunicación, ya que la atención actual es mínima por parte de los consumidores finales.

Cuarto, el buscar aquella idea que realmente sea innovadora que capture los medios y puedas subir tu propio monte Everest, relacionado directamente con la creatividad y finalmente la calidad de tu producto, que realmente impresione a tus consumidores finales es crítico para el éxito.

El Buzz Marketing me fue muy interesante y aplicable en emprendimiento donde cuantas con recursos muy limitados con respecto a un presupuesto formal para hacer la activación de tu producto o servicio, las ideas innovadoras en comunicación te ayudan a hacer Buzz.

---

[64] Mark Hughes, *Buzz Marketing*, Penguin Group, United States of America, 2005, 29.

Un ejemplo de Buzz fue la estrategia de una marca en Estados Unidos de Norteamérica para generar posicionamiento, donde se cambió el nombre de un pueblo a Half.com para estar alineado con la introducción de un nuevo producto fue una excelente Administración de Proyectos con respecto a la Gestión de Stakeholders primero directamente las partes interesadas directas, y finalmente a través de los estudiantes donde se les regaló una playera y se le contestaron todas las preguntas que tuvieran acerca de la iniciativa.

El cambio de nombre de un pueblo fue una estrategia que generó todo un Buzz en los medios de Estados Unidos de Norteamérica, lo cual generó que se hablara de la plataforma inclusive antes que estuviera disponible en el mercado, a un costo mucho menor que a través de los medios tradicionales, que la postre lo llevo a que lo comprara Ebay en menos de 6 meses.

Otro punto de reflexión es el impacto que actualmente tienen los medios tradicionales, el ejemplo matemático en el mercado norteamericano de que si tu pones un anuncio en la TV nacional estas compitiendo contra otros 128 comerciales, o lo mismo a 1/128 o el 0.8%, y si a eso agregamos el factor de quien pone la atención total, que es únicamente el 8%, agregado al factor de Nielsen que te da un 6/100 de probabilidad que efectivamente te vean, los costos totales son preocupantes.

Sin duda que los medios tradicionales están sufriendo una transformación dramática de lo que llegaron a ser antes de la entrada de los medios electrónicos, sin embargo todavía es importante que se hable de tu marca para poder generar ventas, y eso es lo importante de generar conversaciones entre tu segmento de mercado meta.

Es por eso que encontrar un ambiente Clutter-free para publicidad es crítico para poder generar masa crítica, con los diversos ejemplos que compartió como el de los letreros que Burma Shave compartió en las autopistas en los 1920's cuando eran más parecidas a lo que hoy es México y se circulaba con menos velocidad, contando una historia relacionada con su producto como lo fue lo de "Julieta le dijo a Romeo, si tú no te rasuras, vete a casa. –Burma Shave" lo cual generó un impacto positivo ya que la gente hablaba de la marca y generó Buzz.

MODELOS DE GRATUIDAD[65]

Gratis 1: Subsidios cruzados directos

- Regale servicios, venda productos (soporte técnico Apple Store Genius Bar)
- Regale productos, venda servicios (obsequios cuando se abre una cuenta de banco)
- Regale software, venda hardware (ofertas de IBM y Linux de HP)
- Regale hardware, venda software (el modelo de consola de videojuego, donde máquinas como la Xbox360 se venden muy por debajo de su precio)
- Regale teléfonos móviles, venda minutos de llamada (numerosas compañías)
- Regale llamadas, venda teléfonos móviles (muchas de las mismas compañías, con llamadas nocturnas gratis y planes para el fin de semana)
- Regale el espectáculo, venda las bebidas (los clubs de striptease)
- Regale las bebidas, venda el espectáculo (casinos)
- Gratis con la compra (<<líderes con pérdidas" de los minoristas)

Gratis 2: El mercado trilateral o bilateral (una clase de cliente subvenciona a otra)

- Regale contenidos, venda accesos al público (medios apoyados en la publicidad)
- Regale tarjetas de crédito sin cuota, cobre a los comerciantes una cuota por transacción
- Regale artículos científicos, cobre a los autores por publicarlos (Public Library of Science)
- Regale lectores de documentos, venda escritores de documentos (Adobe)
- Obsequie a las mujeres con admisión libre, cobre a los hombres (bares)
- Deje entrar gratis a los niños, cobre a los adultos (museos)
- Regale listados, venda búsquedas (Match.com)
- Venda listados, regale búsquedas (Craiglist New York Housing)
- Regale servicios de viajes, consiga una rebaja en el alquiler de coches y reservas de hoteles (Travciocity)

---

[65] Chris Anderson, *op. cit.*, 321–323.

- Cobre a los vendedores por colocar existencias en un comercio, no a la gente por comprar allí (<<tarifas por espacio preferente" en los supermercados)
- Regale listados de viviendas, venda hipotecas (Zillow)
- Regale contenidos, venda información acerca de los consumidores (Practice Fusion)
- Regale contenidos, gane dinero poniendo en contacto a la gente con los minoristas (Amazon Associates)
- Regale contenidos, venda cosas (Slashdot/ThinkGeek)
- Regale contenidos, cobre a los anunciantes para ser incluidos en aquellos (colocación de producto)
- Regale listados de empleos o pisos, cobre a la gente por verse incluida en las listas (LinkedIn)
- Regale datos y contenidos a los consumidores, cobre a las empresas para acceder a aquellos mediante una API (ofertas eBay con firmas analíticas de altos vuelos como Terapak) (eBay)
- Regale planos limitados de casas «verdes», cobre a los constructores y contratistas por figurar en los listados como «verdes » (FreeGreen.com)

Gratis 3: Freemium (algunos clientes subvencionan a los demás)
Mercados no monetarios

• Regale información básica, venda información con más contenido en. un formato fácil de usar (BoxOfliceMojo)
• Regale información general sobre gestión, venda consejos personalizados de gestión (McKinsey y The McKinsey Iournal)
• Regale el software para impuestos federales, venda los de cada estado (Turbo Pax)
• Regale MP3 de baja calidad, venda cajas de álbumes de gran calidad (Radiohead)
• Regale contenidos de Web, venda contenidos impresos (cualquier cosa, desde revistas a libros)
• Cobre a los clientes por comprar en tiendas con precios más bajos; los compradores ocasionales subvencionan a los clientes (cadenas para socios tipo Costeo)
• Regale videojuegos online, cobre por suscripciones para jugar más (Club Pcnguin)

• Regale directorios de empresas, cobre a las empresas por «reivindican' y mejorar sus propios listados (Brownbook)

• Regale software de demostración, cobre por la versión completa (la mayoría de videojuegos permiten jugar gratis los primeros niveles para que vea si le gustan)

• Regale llamadas de ordenador a ordenador, cobre por llamadas de ordenador a teléfono (Skype)

• Regale servicios de intercambio de foros, cobre por espacio adicional de almacenamiento (Flickr)

• Regale software básico, venda otras aplicaciones (Apple QuickTime)

• Regale servicios financiados por publicidad, venda recursos para eliminar la publicidad (Ning)

• Regale «snippets», venda libros (editores que utilizan Google Book Search)

• Regale turismo virtual, venda terrenos virtuales (Second Life)

• Regale juegos musicales, venda pistas de música (Tap Tap Revolution)

Imagen 4. Modelos de Gratuidad de Chris Anderson[66]

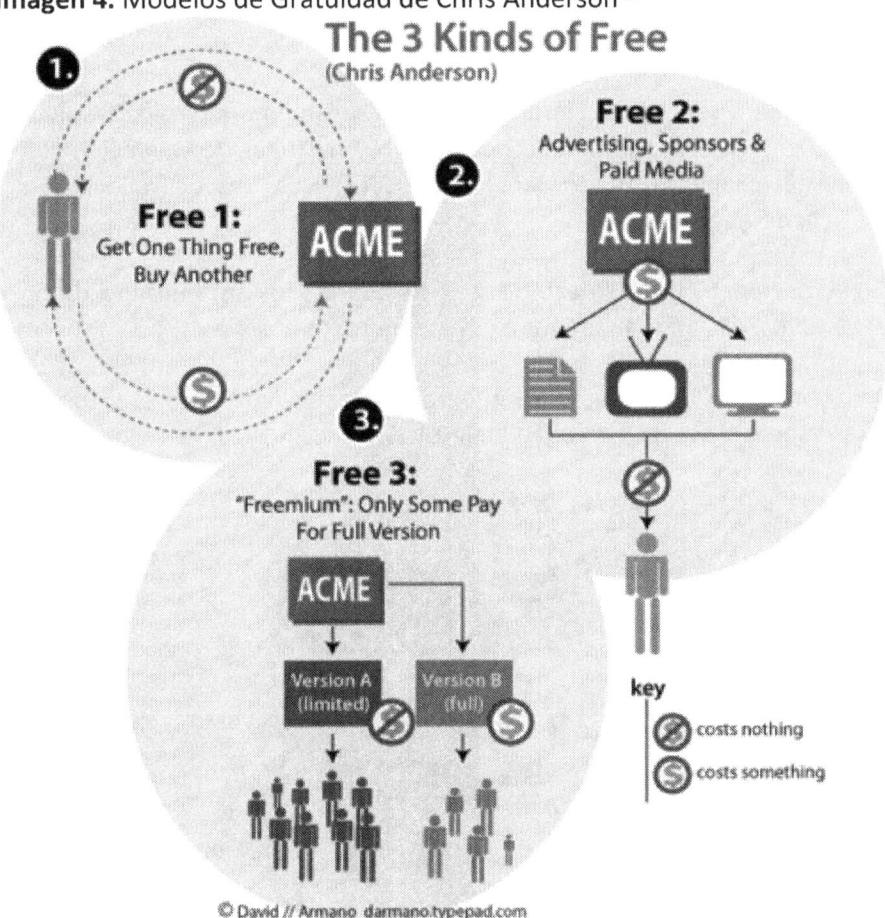

© David // Armano darmano.typepad.com

---

[66] Chris Anderson, *The 3 Kinds of Free*, n.d., David Armano, desde http://darmano.typepad.com/logic_emotion/images/2008/09/29/free.gif .

Capítulo 10: Vendiendo mi Proyecto

INFOGRAFÍA

Planteamiento en forma clara de al menos: Problema/necesidad, solución (es), cliente/mercado, modelo de negocio y métricas de validación clave: Customer-problem FIT, Product-market FIT y Métricas de validación del modelo de negocio.

Presentación gráfica con estadísticas y visual de los aprendizajes durante el estudio, utilizando la menor cantidad de texto posible.

A continuación un ejemplo de infografía desarrollado para el estudio de las personas de la tercera edad en la ZMG.

Figura 23. Infografía del Grey Market[67]

---

[67] Jorge Romero Espinosa, *op. cit.*, 6.

CÓMO LOGRAR UN BUEN PITCH[68]

Imagina que inicias sesión en tu cuenta bancaria sólo para descubrir que tu cuenta ha sido comprometida. Considérate afortunado! Las probabilidades de que esto ocurra son aproximadamente las mismas que las probabilidades de que te financie algún capital de riesgo o Venture Capital.

Según las últimas investigaciones, el capital Ángel y los capitalistas de riesgo o VC's, fondean menos del 1% de las nuevas empresas o Startups. Para obtener financiación, necesitas hablar de tu proyecto a través de técnicas probadas. Por desgracia, hay miles de artículos con opiniones diferentes sobre cómo hacer un pitch adecuado, muchas de ellas basadas solo en suposiciones. Eso no es lo que deseas. Claro que deseas repetir las habilidades de algunas startups que SI obtuvieron financiación. En este artículo, usted descubrirá cinco técnicas destacadas en mi libro "El Pitch para una Startup: una fórmula probada para obtener financiación". Independientemente de si estás presentando tu proyecto para inversionistas o en eventos de arranque (o concursos), aplica estas técnicas para mejorar considerablemente tu Pitch.

1.- Problema-Solución-Beneficios.
Si tú debes recordar una sola lección, esta deber ser que un Pitch exitoso debe dar a conocer o transmitir VALOR. La manera más rápida de transmitir ese valor es con el uso de la técnica: PROBLEMA-SOLUCIÓN-BENEFICIOS. Presentas el problema, lo resuelves con tu producto/servicio, luego, haces una lista de las ventajas que tu solución proporciona a los consumidores.

Startups exitosas como Mint.com, airbnb, ZocDoc comenzaban siempre su Pitch planteando el problema. El problema proporciona el contexto para explicar por qué su producto es valioso para los clientes potenciales. Una manera fácil de comenzar con el problema es compartir la historia de quien padece el problema. He aquí cómo eHarvestHub, una reciente Startup del cual fui su coach, plantearon su proyecto a partir del problema:

---

[68] Chris Lipp, "'The Startup Pitch': una fórmula probada para Ganar Financiación," 13 de june de 2014, desde http://pitchpower.org/resources/How to Nail The Startup Pitch .

"Imagine que es usted un agricultor y recibe una carta de su mayor comprador Walmart, quienes le notifican que para cumplir con la FDA la nueva legislación en materia de seguridad alimentaria, todos los productos frescos deben ser trazables con tecnología; de lo contrario Walmart no comprará su producto. Esto significa que cada manzana o zanahoria que se coloque en estanterías de Walmart debe ser trazable desde la granja, donde se cultiva. Para ti y los otros 82.000 pequeños productores de alimentos frescos aquí en California, esto representa un gran dolor porque el software existente usado para ello, es caro y complicado para usar."

El ejemplo anterior es un problema evidente que incluye historia, datos, y el dolor que la gente padece a consecuencias del problema. Estos son los elementos que influyen en los inversores. También se realiza en menos de un minuto. Ahora puede posicionar el VALOR de su solución al resolver un problema.

2. Las características cuentan algo, los beneficios venden:
Para alentar a los inversores a participar con recursos económicos en nuestro producto/servicio nunca debemos olvidar la regla de oro de las ventas: Las características cuentan algo mientras que los beneficios son los que venden. Las características son lo que usted pone en su producto; beneficios son lo que esas características significan para los usuarios. Los beneficios ganan clientes y en última instancia inversores.

La venta de beneficios significa que explique las características de su solución en términos de **valor** para el usuario o su experiencia. Cuando Steve Jobs presentó el primer iPod con protección contra saltos de 20 minutos (la función), se dijo que se puede ir a correr o hacer otro ejercicio sin perder el ritmo (el beneficio). El iPod tiene 1000 canciones (la característica) para que pueda llevar toda su biblioteca de música con usted cuando se va de vacaciones (el beneficio). Beneficios traducen las características del producto en un valor significativo. El no traducir las características en beneficios es un error frecuente que los empresarios hacen cuando lanzan su producto. No permitas que los inversores tengan que **adivinar el valor** de tu producto/servicio, eso se les dice.

3. Ser conciso en la información sobre el contenido

El **valor** es la clave del éxito, pero la claridad no puede ser exagerada. Los inversores deben ser capaces de reconocer el valor de tu producto/servicio libre de las distracciones de detalles inútiles.

Cuando Enigma ganó el gran premio en TechCrunch Disrupt en 2013, su fundador Marc DaCosta introdujo su producto en una frase: En Enigma, estamos construyendo una infraestructura escalable para la adquisición, indexación y búsqueda de datos públicos. De inmediato se siguió esta descripción con una demo.

El objetivo de la introducción de su producto en 1-2 frases es lograr la comprensión. Es limpio, claro y conciso. He aquí otro ejemplo: Foursquare es una red social basada en la ubicación geográfica que incorpora elementos de juego. No escondas tu valor al incluir demasiados detalles o peor aún con el uso de palabras que muestran seudo valores como "disruptivo" o "rompedor"; al decirlo de manera sucinta. Eso solo estorba o distrae. Hay que aplicar esta regla a todos los aspectos de su Pitch.

4. Los inversores no son clientes

Lanzamientos exitosos transmiten valor, pero los inversores no juzgan valor únicamente a través del problema, solución y los beneficios que planteas, los cuales transmiten el **valor del cliente**. También es necesario demostrar que se trata de un negocio viable que puede obtener retorno a la inversión (ROI).

Para ello, necesitas las tácticas necesarias para presentar el mercado y plan de negocio con eficacia. Gracias al Lienzo de Modelo de Negocio, cada Startup pueden construir fácilmente un plan de negocios para mostrar su paso para obtener ingresos.

No debería ser una sorpresa que algunos inversores cargan con facilidad cierto escepticismo acerca de los planes de negocio. En lugar de dejar vulnerable tu plan de negocios hacia esos inversionistas escépticos, muestra que tienes un negocio viable, demostrando que tu plan puede funcionar.

La prueba es sobre la evidencia. En el camino hacia el aumento de más de tres millones de dólares, la exitosa Startup RidePal lanzó su plan de penetración en el mercado para crear un "Autobús de Google para el resto de nosotros." Primero, RidePal explicó que iban a alquilar autobuses para trasladar a los profesionales entre el trabajo y el hogar, al igual que un autobús de Google. La prueba de que se podían alquilar autobuses: RidePal ya tenía autobuses operando. RidePal dijo que estaban construyendo relaciones sólidas con los clientes.

Prueba de estas relaciones: RidePal publicó un comunicado de prensa anunciando a Solar City como nuevo cliente premium. RidePal también explicó que los clientes estaban contentos con el producto. Prueba: compartieron citas o testimonios de los clientes.

Métrica, citas (testimonios), y otra pruebas contundentes, pueden actuar como evidencia de que su plan de negocio funciona. Las empresas jóvenes a menudo carecen de grandes métricas; pero todavía se puede ejecutar pruebas de mercado a pequeña escala o mostrar pruebas de que empresas similares han funcionado con éxito con el plan que estás utilizando. Los clientes quieren valor del producto; Los inversores quieren el valor del negocio.

5. Fortaleza del equipo
Su equipo es uno de los factores más determinante del éxito de tu Startup, no sólo el producto; sin embargo, a menudo la diapositiva que muestra al equipo de la startup es aburrida e ineficaz. No es porque el equipo carece de habilidad, es porque independientemente de que los inversores buscan la pasión, el compromiso, o el liderazgo, lo que realmente los inversores están buscando es una cosa: credibilidad.

¿Puede hacerlo? Cuando Layer lanzó su plataforma de comunicaciones abierta en el camino a ganar $ 6 millones en capital semilla, el CEO describe el producto diciendo: "Es tan bueno como cualquier otro servicio de VOIP que hay. Y es de igual a igual. Nuestro jefe científico fue el director de tecnología de Grand Central y más tarde la voz de Google". Esta breve descripción de los antecedentes del jefe científico apoyaba las afirmaciones de lo que el producto podría llevar a cabo. No había alguna diapositiva del equipo por separado; el equipo estaba en condiciones de probar el producto.

Cuando Kindara empató en primer lugar al lanzar la aplicación de fertilidad para mujeres en el evento de la Fundación Showcase, el director general explicó que su madre sufrió el problema que la aplicación o APP resolvía. La conexión personal del director general con el problema (a través de su madre) evidenció que entendió el problema y se comprometió a resolverlo.

Revelar detalles del equipo de manera que le muestran tu interés sobre el problema, tener experiencia o dominio en el tema para desarrollar la solución, y que pueden dirigir un proyecto de negocio con éxito. Olvídese de la diapositiva equipo. Encontrar una forma única para inyectar información del equipo a lo largo del Pitch a efectos de intensificar la credibilidad.

Este es un artículo escrito por Chris Lipp, autor de "The Startup Pitch": una fórmula probada para Ganar Financiación. Parte del material en este artículo proviene de The Startup Pitch.

Tabla 26. Fórmula de 4 puntos de Chris Lipp desde *"The Startup Pitch"*:

Problema	**Descripción:** Describe brevemente el proyecto
	Problemas: Qué dolores o molestias sufre tu cliente respecto a algo que quiera resolver (problema)
	Tendencias: Tendencias en el mercado que sustenten tu producto o servicio.
Solución	**USP (Unique Sell Proposition):** Propuesta única de venta, es decir lo que te diferencia de los demás.
	Demo: Cómo puedes resolver la problemática planteada.
	Beneficios: Beneficios que trae consigo la solución que propones.
Mercado Meta	**Meta:** Segmento de mercado al que te diriges.
	Tamaño: Tamaño del mercado (usen datos duros y de fuentes fiables.)
	Ventajas: Ventaja competitiva de tu producto/servicio o empresa.
Negocio	**Go-To-Market:** Introducción al mercado o plan de penetración al mercado.
	Modelo de Ventas: Modelo de ingresos económicos.
	Milestones o Hitos: Avances, Hitos o logros de tu proyecto hasta el momento.

Capítulo 11: Cerrando mi Proyecto

LECCIONES APRENDIDAS Y RETROSPECTIVA DE PROYECTOS

Es importante después de haber terminado un proyecto el ser capaz de hacer un análisis de los factores de éxito o bien fracaso de mi proyecto, para poder mejorar la próxima vez que se desarrolle un proyecto en mi organización, o en este caso de emprendimiento.

Regularmente todos los emprendedores fracasan más de 1 vez hasta que por fin son capaces de tener ese producto o servicio que sea exitoso, por lo que el aprender de nuestros errores y ayudarnos de nuestro ecosistema de emprendimiento es vital para poder lograr ser exitoso.

Tomar ventaja de esto puede llegar a ser crucial, en el sentido de que teniendo un excelente fundamento retrospectivo, tu emprendimiento puede evitar cometer errores por segunda vez y enfocarse en lograr el éxito, de esta manera obtenemos madurez en ámbitos como la selección de nuestro producto o servicio, el análisis financiero, la gestión efectiva de los recursos humanos y económicos, entre otros que nos pueden ayudar a tener éxito.

VALIDACIÓN DEL ALCANCE

Esta actividad tiene como objetivo presentarles a los Interesados los entregables claves según el avance del proyecto, para que estos sean validados. Los participantes o Interesados en la validación y los entregables a validar, van cambiando según el avance del proyecto.

En un proyecto de emprendimiento regularmente al que le presentaremos los avances son a los inversionistas o miembros claves del equipo, para ir revisando el avance del proyecto y asegurar que la dirección sea la adecuada en base a los cambios del entorno.

Tabla 27: Validación de Entregables con el Cliente Final para una Graduación.

Entregable	Actividades Realizadas	Comentarios
Lista de Graduados	Se realizó una lista de invitados con todos los coordinadores de carrera	De acuerdo
Selección de Menú	Se realizó una degustación donde se invitó a todos los coordinadores de carrera	Al coordinador de Ingeniería Ambiental nunca le llegó la invitación, ni llamada telefónica

FINALIZANDO EL PROYECTO

Una vez que damos por terminado nuestro proyecto de emprendimiento y podemos decir que este ya se encuentra en un día a día constante, esto se le denomina una operación por lo que se da por cerrado el proyecto, pues ya se terminó el esfuerzo temporal por lo cual fue realizado.

Recuerda que al inicio de tu proyecto de emprendimiento lo más importante es enfocarte en vender, no en documentar todas tus operaciones para mejorar tu calidad, o controlar a un nivel extremo el manejo de costos, ya existirán momentos donde llegarás a esta mejora continua.

Mi recomendación es una vez que las ventas no sean un problema para tu punto de equilibrio, tengas un flujo positivo en base a tu estrategia de diferenciación inicies con procesos de mejora continua como puede ser un control de costos, una elaboración de procedimientos para apegarte a estándares de calidad como los ISOs o desarrollar una nueva línea de productos.

Capítulo 12: Conclusiones para Emprender

El emprender es una actividad que conlleva mucho valor ya que es alejarse de nuestra zona de confort pues puede representar el arriesgar un trabajo con sueldo fijo, un ingreso futuro. O como los navegantes exploradores del pasado que salían al altamar sin contar con un mapa, que decir de un GPS, sino únicamente con una brújula, y así arriesgarse a lo desconocido sin saber cuándo verían nuevamente tierra o inclusive si la volverían ver.

Para ser emprendedor es necesario contar con mucho corazón, pues necesita ser un producto o servicio que realmente nos apasione, que solucione una problemática social o mejore la calidad de vida de las personas, ya que regularmente un emprendedor tendrá que vencer miles adversidades, siendo tu determinación y constancia la primera de ellas.

Te recomiendo usar metodologías como Lean Startup, Customer Development y herramientas como el experiment board, donde utilizas tus hipótesis y supuestos más riesgosos a través de entrevistas personales con el segmento de mercado meta, con el cual vas experimentando y validando los problemas, antes de poder desarrollar una solución óptima o propuesta de valor, y luego formas tu lienzo de modelo de negocios.

Los principales aprendizajes de estas metodologías es que es necesario salir del espacio donde uno desarrolla su proyecto, para así poder validar nuestros supuestos con nuestro segmento de mercado meta; Y poder ajustar tu propuesta de valor y el segmento de mercado meta en base a las necesidades reales de nuestros clientes.

El aprender de las necesidades reales de nuestros clientes puede retar nuestras ideas, muchas veces nos damos cuenta que estamos lejos de una solución óptima vendible, nos tenemos que enamorar de nuestros clientes, no de nuestras ideas, ya que al fin del día estos clientes son los que van a pagar o no por nuestros productos y servicios.

Asimismo un emprendedor tiene que pasar por diversos fracasos antes de ser exitoso es importante soportarte por un ecosistema de innovación, actualmente el ITESO en Guadalajara, Jalisco es parte de la red global denominada demola.net donde el objetivo es construir el ecosistema más grande de innovación en el mundo fusionando compañías, universidades y estudiantes[69].

ECOSISTEMAS DE INNOVACIÓN

Actualmente estos son los seis ecosistemas más importantes del mundo:
1. Valle del Silicón en California, USA que se caracteriza con transparencia a los inversionistas ángeles.
2. Santiago de Chile, Chile que tiene una comunidad global de emprendedores.
3. Londres, UK donde existe un enfoque fuerte en la educación terciaria.
4. En Berlín, Alemania donde están orientados los sectores de clústeres futuros.
5. En Tel Aviv, Israel donde están altamente organizados en áreas de investigación y desarrollo.

Para participar en un ecosistema como agente de innovación... ¡EL NETWORKING ES FUNDAMENTAL! Por lo que únete a grupos de innovación en tu región, actualmente las redes sociales son una excelente herramienta, en México en el Distrito Federal, Monterrey y Guadalajara se encuentra los más fuertes.

Mi recomendación es construir tu red de contactos si te vas a dedicar a emprender negocios es el nombre, a que se dedican y en que te pueden ayudar con tus negocios potenciales.

La reflexión de lo importante de estar conectados en innovación y emprendimiento ya que Las redes del emprendedor es de lo más importante para tener éxito, y los eventos de Networking son importantes para buscar oportunidades.

---

[69] *Demola*, 2015, Demola, desde http://www.demola.net/ .

Cuando tengas una oportunidad te recomiendo ver el video de Steven Johnson en TED 2010 que se llama "¿De dónde vienen las buenas ideas?", aquí te adjunto el link con los subtítulos al español. https://www.youtube.com/watch?v=UnILH_qcKw8[70].

El objetivo de este libro a través de las 20 preguntas claves es que te ayude como un consultor en emprendimiento, recordando que hay muy buenos proyectos y malos emprendedores, o malos emprendedores y buenos proyectos. Por lo que este libro busca ayudarte en:

1. Darte herramientas para emprender un negocio.
2. Formarte en metodologías para emprender.
3. El emprendedor debe de conocerse a sí mismo, un análisis de autoconocimiento.
4. No tiene que saber todo, sino tener la habilidad de diferenciar esto.
5. El hecho de conocerme, me ayuda a minimizar el riesgo de fracaso.

Recuerda que Emprender o innovar es una co-creación de diferentes personas:[71]
- Visionario (a)
- Creador (a) Técnico (a)
- Vendedor (a)

Por lo que es necesario tener un equipo multidisciplinario que te ayude a cubrir las áreas donde tú no eres fuerte, como en mi caso actual que estoy emprendiendo mi segundo negocio me hace falta encontrar un vendedor fuerte para posicionar mi servicio, razón por la cual todavía no he podido generar las ventas deseadas.

"Conócete a ti mismo" – Inscrito en el Templo de Apolo en Delfos

---

[70] Jose Checo, *Steven Johnson TED 2010 - De donde viene las buenas ideas?*, 2013, desde https://www.youtube.com/watch?v=UnILH_qcKw8 .

[71] Paul Ahlstrom and Nathan Furr, *Acierte y Entonces Escalalo: Guia del Emprendedor para Crear y Administrar a Traves de la Innovacion. (Spanish Edition)*, 2013.

Nunca detengas tu idea de emprendimiento debido a falta de recursos, actualmente ya existen diferentes maneras de obtener Recursos de Inversionistas Ángel en México como lo es https://fondeadora.mx/[72] que obtiene recursos a través de la gente que tiene interés en ayudar a emprendedores.

Por lo que si tu idea es innovadora sigue adelante con la planificación de tu proyecto y una vez obtengas tu presupuesto de cuanto necesitas para hacerlo realidad inscríbete a una de estas o acércate a un ecosistema local, actualmente por ejemplo en Guadalajara existen $10 millones de USD en el Indy Investors Network buscando proyectos de tecnología.

Los modelos en boga como lo es Six Sigma, CRM (Customer Relationship Management), Lean Manufacturing, etc. no tienen sentido su aplicación, sino se conoce el contexto de la organización, ya que el aplicar proyectos y metodologías a empresas que no conocen su estrategia, lo más probable es que ese proyecto y/o la aplicación de esa metodología fracase.
Este libro lo que busca es ayúdate con herramientas mercadológicas para la selección óptima de tu proyecto de emprendimiento en base a un marco teórico y práctico que sea de tu utilidad, y agregando la metodología de Administración de Proyecto del PMI® para ayudarte en la ejecución del mismo y así puedas utilizar adecuadamente el uso de tus recursos humanos, tecnológicos, financieros y materiales para incrementar tu probabilidad de éxito.

Recordar que la capacidad de pago es respirar y rentabilidad es comer esta excelente para la toma de decisiones de una organización, ya que primero es mejor tener dinero para poder operar, aunque esto haga que sacrifiques el rendimiento o tu margen de utilidad, y muchas organizaciones no entienden esto.

---

[72] Fondeadora, *Fondeadora | The first Crowdfunding platform in Mexico.*, 2015, Fondeadora.mx, desde https://fondeadora.mx/ .

Como parte importante a compartir actualmente el emprendimiento social cada vez toma una mayor importancia en el crecimiento del PIB per cápita real, ya que al buscar resolver los problemas de pobreza en el mundo, ya que como mínimo se enfoca en redistribuir mejor la riqueza, cambiar esquemas propios del capitalismo que reducen la riqueza y por ende el crecimiento del PIB.

Ya que existen emprendedores sociales con grandes iniciativas que tengan un impacto positivo en la sociedad, como el ejemplo de la creación del microcrédito del Premio Nobel de la Paz Muhammad Yunus en la India donde impulso las actividades económicas de las mujeres pobres de Bangladesh, donde se les prestaba dinero para sus actividades productivas sin tener que recurrir a usureros que les cobraban el 1% de interés diario o 360% de interés anual, actualmente esta iniciativa ya es global y el su banco tiene un impacto en más de 500 millones de personas en el mundo.

En este ejemplo de Muhammand Yunus es un círculo vicioso que genera que las personas de menores recursos no tengan acceso a un crédito con tasas de interés accesibles para desarrollar su producto o servicio, y esto impacta negativamente el crecimiento económico del entorno, ya que al no poder acceder a un crédito a una tasa de interés razonable, no se puede impulsar su propio bienestar y el de su economía.

Si existe un crecimiento del PIB per cápita real existirá más dinero disponible en la economía para gastar en productos y servicios que beneficien holísticamente a una región o país, mejorando la calidad de vida de todos sus habitantes sustancialmente.

Por lo que si tu enfocas tu proyecto en solucionar un problema social o de calidad de vida de tu entorno te garantizo que además de tener un éxito social también debería de ser un éxito económico suficiente para darte una buena calidad de vida para ti y tu familia, recuerda que el objetivo de emprender es mejorar nuestro entorno social más que el económico de tu persona.

Muchas gracias por tu tiempo y espero que este libro les sirva a poder minimizar el riesgo que conlleva emprender un negocio, y te ayude a lograr tu sueño de ser un emprendedor y generar empleo para nuestro país. Recuerda si tienes éxito tienes el compromiso de ser un buen líder con tus empleados y remunerarlos adecuadamente para impulsar su economía personal y la del país.

1. ¿Ya tienes definido el alcance de tu proyecto de emprendimiento?
2. ¿Ya tienes identificada la idea u oportunidad que te ayudará a resolver el problema de un segmento de mercado?
3. ¿De tus ideas u oportunidades iniciales, ya determinaste cual será la ideal en base al resultado de tu análisis cuantitativo?
4. ¿Ya tienes definido tu Objetivo Tipo SMART para tu Proyecto de Emprendimiento?
5. ¿Es atractiva la Industria donde elegí competir en base a la selección de mi producto o servicio?
6. ¿Tengo claro cuál será mi estrategia de diferenciación de mi producto o servicio?
7. ¿Tengo definido el precio de mi producto o servicio?
   a. **Importante:** Recuerda no hacerlo en base a los costos del producto o servicio, sino al segmento de mercado que va enfocado.
8. ¿La TIR de mi proyecto es atractiva para mis socios y/o inversionistas?
9. ¿Tengo claro mi modelo de negocio CANVAS?
   a. ¿Pude acotar toda mi información en una diapositiva?
   b. ¿Puedo presentárselo a inversionistas en menos de 5 minutos?
10. ¿Obtuve información para mis historias de usuario desde el punto de vista de diferentes interesados y/o miembros del equipo?
11. ¿Si cuentas con un equipo multidisciplinario en las áreas que necesita para tu proyecto de emprendimiento?
12. ¿Si pude definir correctamente mis entregables para mi proyecto en mi EDT?
13. ¿Si identifique adecuadamente las actividades dependientes de mi proyecto?
14. ¿Si capture adecuadamente todas las actividades dependientes e independientes en mí Diagrama de Gantt?
    a. ¿Estime las duraciones y esfuerzos adecuadamente de mi proyecto?
15. ¿Ya identifique a todos los Interesados o Stakeholders Internos y Externos de mi proyecto y entendí cuáles son sus expectativas y lo tengo bien documentado?

16. ¿Me siento satisfecho con los riesgos identificados por parte de mi equipo de trabajo e interesados de mi proyecto?
    a. ¿Tengo un plan de mitigación para aquellos riesgos identificados con un mayor impacto?
17. ¿Ya identificaste todas las actividades donde es necesario adquirir un producto o servicio con un proveedor?
    a. ¿Ya documentaste las especificaciones del producto o servicio?
    b. ¿Tienes un presupuesto para cada compra?
18. ¿Tienes claro cuáles son las actividades de tu proyecto que son parte de tu ruta crítica?
19. ¿Ya definiste los roles y responsabilidades de tus miembros del equipo?
20. ¿Ya definí con mis Interesados y Miembros del Equipo mi Control de Cambios para mi proyecto de emprendimiento?

Bibliografía:

Adult Swim, *Quicksand | Robot Chicken | Adult Swim*, 2009, YouTube, desde http://www.youtube.com/watch?v=G_Z3lmidmrY .

Alberto C. Flores Martínez, "Modelos de negocio, características y algunos tipos de modelos de negocio base," Mexico, 2016.

Alex Osterwalder, *Strategyzer | Business Model Canvas*, 2015, desde http://businessmodelgeneration.com/canvas/bmc .

Bridges, William, *Managing Transitions*, Da Capo Press, United States of America, 2003.

Chris Anderson, *Gratis, El futuro de un precio radical*, Tendencias Editores, España, 2009.

———, *The 3 Kinds of Free*, n.d., David Armano, desde http://darmano.typepad.com/logic_emotion/images/2008/09/29/free.gif .

Chris Lipp, "'The Startup Pitch': una fórmula probada para Ganar Financiación," 13 de june de 2014, desde http://pitchpower.org/resources/How to Nail The Startup Pitch .

Cierran 80% de las Pymes en México por falta de previsión | El Economista, n.d., desde http://eleconomista.com.mx/sistema-financiero/2011/10/25/cierran-80-las-pymes-mexico-falta-prevision .

Claudia Ocaranza, *El 70% de las empresas cierran antes de 5 años | Dinero en Imagen.com*, 19 de february de 2015, DineroenImagen, desde http://www.dineroenimagen.com/2015-02-19/51178 .

CNNExpansión, *El CEO global de Volkswagen renuncia tras escándalo - Negocios - CNNExpansion.com*, 23 de september de 2015, CNNExpansión, desde http://www.cnnexpansion.com/negocios/2015/09/23/el-ceo-de-volkswagen-renuncia-tras-escandalo-ecologico .

Copyright Prosci 1996-2013, *Integrating change management and project management*, 2013, Prosci, desde http://www.change-management.com/tutorial-integrating-cm-pm.htm .

Demola, 2015, Demola, desde http://www.demola.net/ .

Dra. Alma Dzib Goodin, "Construyendo puentes y destruyendo fronteras: la neurociencia en la mercadología," Universidad Pedagógica Nacional, Unidad Ajusco, 2014.

Euromonitor International, *PUBLISHING OF BOOKS IN MEXICO: ISIC 2211*, Euromonitor International, may de 2013.

Fondeadora, *Fondeadora | The first Crowdfunding platform in Mexico.*, 2015, Fondeadora.mx, desde https://fondeadora.mx/ .

Frequently Asked Questions | NAICS Association, n.d., NAICS Association, desde http://www.naics.com/frequently-asked-questions/ .

Guía de Fundamentos para la Dirección de Proyectos (Guía del PMBOK®), Project Management Institute (PMI), 2013.

Humberto Valdivia, "LAS NEUROCIENCIAS Y NOSOTROS MAPA DEL TERRITORIO," ITESO, abril de 2014.

Jorge Romero Espinosa, *INVESTIGACIÓN APLICADA EN PERSONAS DE LA TERCERA EDAD EN LA ZMG*, INSTITUTO TECNOLÓGICO Y DE ESTUDIOS SUPERIORES DE OCCIDENTE, Tlaquepaque, Jalisco, 2016.

Jorge Romero *et al.*, "Torres de Lujo en la ZMG," Tlaquepaque, Jalisco, may de 2016.

Jose Checo, *Steven Johnson TED 2010 - De donde viene las buenas ideas?*, 2013, desde https://www.youtube.com/watch?v=UnILH_qcKw8 .

José Habvi Espinosa Reyna, "Investigación de Mercados," México, 2015.

Kevin Lane Keller, *Strategic Brand Management: Building, Measuring, and Managing Brand Equity, 4th Edition*, Pearson, England, 2014.

Kotler, Philip, and Keller, Kevin, *Dirección de Marketing*, Pearson, 2012.

Mark Hughes, *Buzz Marketing*, Penguin Group, United States of America, 2005.

Método de la ruta crítica - Wikipedia, la enciclopedia libre, n.d., desde https://es.wikipedia.org/wiki/M%C3%A9todo_de_la_ruta_cr%C3%ADtica .

Nokes, Sebastian, and Kelly, Sean, *The definitive guide to project management*, Prentice Hall, Great Britain, 2007.

Pablo Lasso Gómez, "La evolución de los saberes sobre el consumidor," november de 1997.

Paul Ahlstrom, and Nathan Furr, *Acierte y Entonces Escalalo: Guia del Emprendedor para Crear y Administrar a Traves de la Innovacion. (Spanish Edition)*, 2013.

Peter Elkind, *How the listeria recall tarnished ice cream maker Blue Bell - Fortune*, 25 de september de 2015, Fortune, desde http://fortune.com/2015/09/25/blue-bell-listeria-recall/?xid=soc_socialflow_twitter_FORTUNE .

PMI, *The PMI Talent Triangle: Your Angle on Success*, 1 de december de 2015, PMI.org, desde http://www.pmi.org/-

/media/pmi/documents/public/pdf/certifications/talent-triangle-flyer.jpg .

Project Management Institute, "e-Link de PMI - Agosto 2015: Nuevos webinars On-Demand en español!," 5 de august de 2015.

Rubén Rodríguez Beltrán, *Estrategia de Negocios y Finanzas*, Edikrea, México, 2014.

Sergio Emiliano Rodea García, "Estrategia de marca, Branding: Una mezcla para la rentabilidad," 2015.

———, "Marketing de Contenidos Una guía para la construcción," 2015.

Steven Van Belleghem, *The Conversation Manager The Power of the Modern Consumer, the End of the Traditional Advertiser*, Kogan Page, 2012.

Valdivia, Humberto, "Evaluación de Oportunidades para Nuevos Productos," 24 de february de 2015.